Eva Krebbers

Happy Handmade

Einfach kreativ durchs Jahr

Aus dem Niederländischen
von Heike Baryga

KNESEBECK

Vorwort

Als Gegenreaktion auf die Stressgesellschaft – weg vom Drang nach Individualismus, ständiger Erreichbarkeit, Displays, Konsum- und Wegwerfkultur – hat sich ein neues Lebenskonzept entwickelt, das *Slow Living*.

Slow Living heißt, langsamer und bewusster zu leben, ganz nach deinen eigenen Bedürfnissen. Richtig oder falsch gibt es nicht. Klingt doch verlockend, oder? Da jeder Mensch anders ist, jeder sein Leben anders gestaltet, ist der Slow-Living-Lifestyle eine Einladung an alle, für sich selbst herauszufinden: Welche Werte sind mir wichtig und welche nicht (mehr). So entwickelst du ein Bewusstsein dafür, welche Dinge und Menschen dich glücklich machen. Alles Überflüssige streichst du aus deinem Leben, deinem Kopf und deinem Haus. Erst dann ist Platz für das Essenzielle. Erst dann kannst du dein Leben mit den Dingen füllen, die dir Energie geben, und dich ihnen voll und ganz widmen: Bewegung an der frischen Luft, DIY-Projekte in und mit der Natur, Leben im Einklang mit den Jahreszeiten. Back to the roots. Nichts schenkt so viel Zufriedenheit wie Produkte, die man mit den eigenen Händen hergestellt hat, egal ob selbst gegossene Kerzen oder liebevoll gezogenes Gemüse aus dem eigenen Garten. Arbeit mit den Händen ist meditativ, das Gedankenkarussell hört auf sich zu drehen, der Körper entspannt sich.

Es zählt »Qualität anstatt Quantität«, weniger ist mehr, lieber »möglichst gut« als »möglichst schnell«. Positiver Nebeneffekt: man kann alte Dinge wiederverwenden, Stichwort: Nachhaltigkeit, Reduzierung, Recycling. *Community* anstatt Individualismus.

In meinem früheren Beruf als Arbeitspsychologin kamen viele Leute mit Burn-out-Beschwerden zu mir. Ich habe gesehen, wie viel Freude es ihnen bereitet hat, einmal ein Hobby wie

> »*Live simply so that others may simply live*«
>
> — *Mahatma Gandhi*

Stricken oder Häkeln auszuprobieren, etwas mit den Händen zu machen, den Kopf freizubekommen. Zugleich wurde mir meine eigene Unzufriedenheit mit meiner Tätigkeit bewusst. Irgendwann rang ich mich dazu durch, meinen Beruf an den Nagel zu hängen, um meinen Traum zu verwirklichen, Fotografin zu werden. Ich habe es keine Sekunde bereut und auf meinem Weg nur Schönes entdeckt.

Wie dieses Buch. Nach einem solchen Buch habe ich gesucht, konnte es aber nicht finden. Also habe ich es selbst geschrieben. Auf den folgenden 200 Seiten stelle ich dir zahlreiche kreative und naturverbundene Projekte vor, die dir einen Weg zu einem bewussteren, einfacheren Lebensstil mit Achtsamkeit für das Hier und Jetzt zeigen. Das Buch ist nach Jahreszeiten unterteilt, so kannst du über ein Jahr hinweg die Gespräche und Erfahrungen der Menschen, die ich nach ihren Leidenschaften befragt habe, nachverfolgen und genießen – von Blumen züchten bis Kerzen gießen.
Meine Leidenschaft für Fotografie und schöne Bilder soll dich zum Träumen einladen und dazu inspirieren, selbst etwas von den vielen Projekten auszuprobieren. Vorab will ich mich gleich für die unzähligen Strohkörbe und Katzen in diesem Buch entschuldigen, sie machen mich einfach glücklich. Ich hoffe sehr, dass auch du in diesem Buch etwas findest, was dich glücklich macht!

Eva Krebbers

Hast du ein Projekt aus diesem Buch selbst ausprobiert? Dann poste dein Foto unter #slowlivingcreatives und #happyhandmadedasbuch auf Instagram. Da kannst du auch entdecken, was andere gemacht haben.

Biografie

NAME: Eva Krebbers
SIE MACHT: Fotos und Dinge schöner
SIE MAG: Schwimmen im Regen, Schokolade in Tee getunkt, Petrichor, in Buchläden stöbern, reisen und entdecken
SLOW-LIFE-TIPP: Sich einen schönen alten Baum suchen, ihn mit geschlossenen Augen umarmen und sich fragen, was er alles gesehen und erlebt hat. Dann mit einem guten Buch seine Äste erklimmen und lesen, bis es unbequem wird.
ZU FINDEN UNTER: @tumbleweedandfireflies und www.tumbleweedandfireflies.com

Inhalt

FRÜ HLI NG

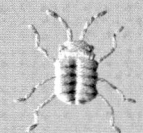

BLUMEN SÄEN

Blumen selbst zu säen ist leichter (und auch schöner!), als du denkst. In deinem Garten, auf dem Balkon, auf der Fensterbank, heimlich in den Grünanlagen. Mit den Händen in der Erde, der Nase in der Sonne und Wind in den Haaren wirst du dir deutlich der Elemente bewusst, die dich umgeben. Und etwas wachsen zu sehen, das du ausgesät hast, schenkt große Zufriedenheit.

»Die Natur enttäuscht dich nie«

Eine Frau, die alles über Blumen und Pflanzen und ihre zahlreichen Einsatzmöglichkeiten weiß, ist die Gartengestalterin Loesje van Herp. Wenn du bei ihr zu Hause bist, stechen ihre Pflanzenkreationen – manche winzig, manche riesig – sofort ins Auge. Loesjes Liebe für alles Grüne ist grenzenlos. Ich habe sie in unseren Garten eingeladen, um mit den Blumen zu experimentieren.

Was genau machst du als Gestalterin für Blumenkunst?

»Es ist ganz egal, ob es Samenkapseln sind, die Wurzeln einer Pflanze oder Blattfasern. Ich gestalte aus Pflanzenmaterialien Objekte für Innenräume oder auch im Außenbereich. In der Form eines hängenden Mobiles, einer *self constructed flower* oder mit handgenähten Trockenblumen auf einer Decke als Wandobjekt.«

Woher kommt deine Leidenschaft für Pflanzenmaterialien?

»Meine Mutter hat alles Mögliche in der Natur gesammelt und dann zu Hause getrocknet. Sie hat mit uns Wanderungen unternommen, und wir haben auf Feldern und Wiesen gepicknickt. So kam ich auf die Idee, eine Ausbildung zur Gestalterin für Blumenkunst in Vught zu machen, mit dem Abschluss als Meisterbinderin. Dort lernt man das Experimentieren: Pflanzen kochen, bügeln, Pigmente untersuchen, Wurzeln zer-

teilen. Sobald eine Blume verblüht ist, wird es interessant. Lässt sich mit einer Pflanze ohne Blüten noch etwas anfangen? Vielleicht könnte man die Blätter trocknen, einige Teile sind zum Färben gut, manchmal ist die Wurzel im Boden auch besonders hübsch. Geschichten mit der Natur zu erzählen finde ich sehr wertvoll.«

> »Die stille Kraft der Natur kann mich tief berühren.«

Welche Pflanzen oder Blumen sind deine Lieblinge?

»So unglaublich viele! Oft laufen sie mir bei einem Spaziergang von allein über den Weg. Ich sehe dann sofort, ob ich etwas mit ihnen machen kann. Klatschmohn, Silberblatt, Wilde Artischocke, Pestwurz und die Lampion-

Tipps

Sei neugierig! Was passiert, wenn du eine Blume kopfüber aufhängst und trocknest oder wenn du Samen im Garten verteilst? Mein Slow-Living-Tipp: Mach öfter mal alleine einen Spaziergang. Suche die Stille, und benutze deine Sinnesorgane! Erfahre mehr zeitlose Zeit. Und nimm die nächste Generation mit in die Natur, zum Fühlen, Probieren und Riechen!

blume finde ich einfach toll! Auch Blumen wie das Currykraut, der Rittersporn oder Sonnenflügel. Ihre Farben bleiben auch beim Trocknen richtig toll. Eine getrocknete Sonnenblume – mit diesen herausfallenden silbrigen Kernen und schieferfarbenen Stielen – regt mich auch sehr zum Genießen an. Oder eine verblühte Skabiose, ein üppiger Bärenklau: Das ist pure Kraft!«

Was verblüfft dich an der Natur?

»Die Natur macht immer weiter und enttäuscht dich nie. Die stille Kraft kann mich tief berühren. In der Natur verbergen sich viele Geschichten und sie hat ganz viele Funktionen: ein Zuhause für die Fauna, ein Ort zum Verstecken, eine Oase der Ruhe. Ich versuche, meine Leidenschaft für die Natur an meinen Sohn weiterzugeben – so wie meine Mutter das bei mir gemacht hat. Ihm gefällt es, mit mir Blumen pflücken zu gehen, Stoffe zu färben und Blumen zwischen den Seiten seiner Bücher zu trocknen.« ◆

Biografie

NAME: Loesje van Herp
SIE MACHT: Pflanzenobjekte mit der Natur als Inspirationsquelle
SIE MAG: Den Geruch nach einem Regenschauer, die unendliche See, Kaffee am Morgen.
Und die Liebe – für alles.
SLOW-LIFE-TIPP: Egal, wo du bist, sei ganz dort. Mach öfter, was du magst. Umarme die Natur und die Stille.
ZU FINDEN UNTER: @loesjevanherp_plantaardig

Auf geht's, Blumen säen!

WANN?

Im Frühling. Ab Mitte Februar kannst du drinnen mit der Vorkultur beginnen. Ab April / Mai fängt die Aussaat direkt ins Beet an. Pass aber auf wegen Nachtfrost. Falls es doch noch mal friert, hol die Pflänzchen rein.

DU BRAUCHST

- Topf, Kiste, Kübel, Pflanztasche oder ein Beet mit mindestens 40 cm Tiefe
- Bio-Pflanzerde
- Blumensamen *(gekauft, getauscht oder von Wildpflanzen gesammelt)*
- Wasser
- Sonne

Deine selbst gesäten Blumen eignen sich wunderbar zum Pflücken, Trocknen oder Färben. So hast du immer unbehandelte Blumen da und musst dir keine kaufen.

Was musst du tun?

Säen ist ganz einfach: ein Loch in die Erde machen, den Samen behutsam einstreuen und wieder mit Erde bedecken. Wasser geben und abwarten. Jede Blume hat jedoch ihre eigenen Ansprüche (Säabstand, Anzahl der Saatkörner pro Loch, Monat für die Aussaat, ein schattiger oder sonniger Standort und so weiter). Deshalb richtest du dich am besten einfach nach den Informationen auf dem Samentütchen, wenn du welche gekauft hast.

Aussaat

Ab Mitte Februar kannst du mit der Aussaat deiner Pflanzen drinnen beginnen. Du nimmst dafür zum Beispiel eine Eierschachtel, die du mit Erde und Samen füllst und dann auf die Fensterbank stellst, damit sie viel Licht und Wärme bekommt. Mit einer Sprühflasche wässerst du sie vorsichtig (nicht zu stark, sonst gibt's Schimmel – nicht zu wenig, sonst passiert nichts). Sobald Pflänzchen zu sehen sind und ungefähr 4 bis 6 Blätter haben, pikierst du sie in einen größeren Topf, damit die Wurzeln wachsen können. Wenn du genau weißt, dass die Nachtfrostgefahr vorüber ist (Mitte Mai), dürfen die Setzlinge ins Außenbeet mit einem Abstand von ungefähr 15 cm.

Und denk daran, nach der Blüte die Samen der Pflanze zu sammeln und sie in einer Papiertüte (Teefilter) oder Briefumschlag fürs nächste Jahr aufzubewahren!

Welche Blumen kannst du säen?

SCHNITTBLUMEN
- Edelwicke | *Lathyrus odoratus*
- Dahlie | *Dahlia* – Saatgut oder Knollen
- Eisenkraut | *Verbena* – im Oktober säen
- Löwenmäulchen | *Antirrhinum*
- Zinnie | *Zinnia elegans*
- Blüten-Salbei | *Salvia*
- Jungfer im Grünen | *Nigella damascena*
- Schmuckkörbchen | *Cosmea*
- Garten-Fuchsschwanz | *Amaranthus caudatus*

TROCKENBLUMEN
- Strohblume | *Helichrysum*
- Spreublume | *Xeranthemum*
- Schafgarbe | *Achillea*
- Kornblume | *Centaurea cyanus* – im Oktober säen
- Mauer-Gipskraut | *Psammophiliella*
- Große Sterndolde | *Astrantia major*
- Strandflieder | *Limonium*
- Silberblatt | *Lunaria* – Samenhülse trocknen
- Mohn | *Papaver* – Samenkapsel trocknen
- Hortensie | *Hydrangea*
- Rittersporn | *Delphinium*
- Kugeldistel | *Echinops*

FÄRBEPFLANZEN
- Ringelblume | *Calendula officinalis* – gelb
- Färberdistel | *Carthamus* – gelb
- Färberkrapp | *Rubia tinctorum* – rot (die Wurzel verwenden)
- Frauenmantel | *Alchemilla* – grün
- Deutsche Indigo | *Isatis tinctoria* – blau
- Echtes Mädesüß | *Filipendula ulmaria* – schwarz (die Wurzel verwenden)
- Amaranth | *Amaranthus* – rot (hohe Färbe-temperaturen vermeiden)
- Geranie | *Pelargonium*
- Eukalyptus | *Eucalyptus*
- Stockrose | *Alcea rosea* – braun
- Fenchel | *Foeniculum vulgare* – braun
- Lavendel | *Lavendula* – rosa

EIER FÄRBEN

Wahrscheinlich weißt du schon seit deiner Kindheit, dass man Eier färben kann. Ich selbst habe aber erst vor Kurzem entdeckt, dass man Farben zum Färben auch in der Natur oder im Kühlschrank finden kann. Du kannst Eier zum Beispiel in ein Bad mit Löwenzahn tauchen, damit sie einen wunderbaren grünen Ton bekommen. Und mit Blättern oder Blüten kannst du sogar noch schöne Abdrücke auf die Eier machen. Also echte Eierkunst, genau richtig für Ostern!

Einen ganzen Frühling Ostern

DU BRAUCHST

- Eier von glücklichen Hühnern
- Einen Topf
- Naturfarben, zwei Hände voll *(siehe Kasten)*
- Wasser
- Kleine Blätter und Blüten für die Abdrucke
- Essig
- Etwas Öl
- Strumpfhose
- Gummiband

NATURFARBEN

- **Grün: Löwenzahn, Spinat, Brennnessel**
- **Gelb: Kurkuma, Zwiebel-schalen, Ringelblumen, Gänseblümchen, Blätter vom Apfelbaum**
- **Hellblau: Rotkohl, Heidel-beeren**
- **Rotbraun / Lila: Rote Bete, Schale von roten Zwiebeln, Rotwein, Cranberrysaft**
- **Braun: Kaffee, Schwarztee**
- **Orange: Orangenschalen, Möhren**

Was musst du tun?

Schritt 1

Gehe zum Sammeln deiner Farben in die Natur, pfeife dabei eine Melodie und hänge dir keck ein Körbchen über den Arm.

Schritt 2

Schneide deine Naturfarbstoffe fein und lass sie in einem Topf mit 0,5 Liter Wasser mindestens eine Viertelstunde sieden (nicht kochen!). Je länger du sie ziehen lässt, desto intensiver wird die Farbe. Gehe inzwischen weiter zu Schritt 3.

Schritt 3

Wenn du einen Blatt- oder Blütenabdruck auf deinem Ei haben möchtest, musst du jetzt schon damit anfangen. (Falls nicht, kannst du diesen Schritt überspringen.) Befeuchte das Blatt leicht und leg es mit dem eventuell vorhandenen Stiel nach oben auf das Ei. Zieh nun einen Nylon-strumpf über das Ei-mit-Blatt und binde es mit einem Gummi zu.

Schritt 4

Die Farbmasse durchsieben und einen Esslöffel Essig hinzufügen, damit die Farben intensiver werden.

Schritt 5

Lege die ungekochten Eier vorsichtig in das Farbbad und lass sie 15 Minu-ten darin kochen. Du bekommst dann hart gekochte Eier mit einer intensi-ven Farbe.

Schritt 6

Geschafft, deine Eier sind nun fertig! Für einen Glanzschimmer kannst du sie mit etwas Öl einreiben.

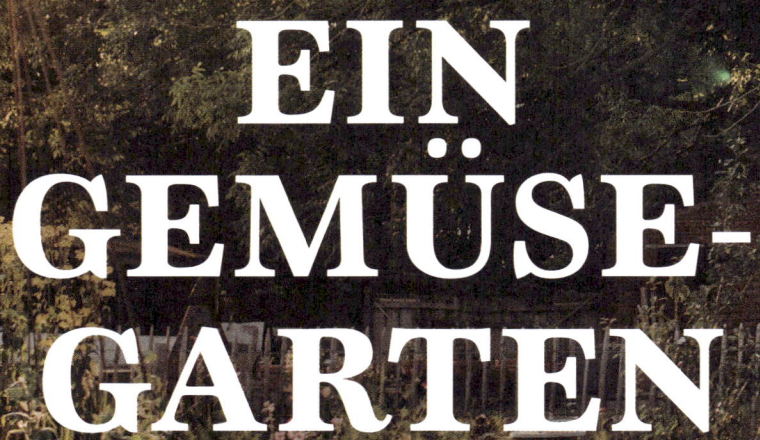

EIN GEMÜSE-GARTEN

Mit einem Gemüsegarten isst du gesünder, kreativer und frischer. Zudem bekommst du mit einem Gemüsegarten mehr Bewegung, und für die Umwelt ist es auch besser. Aber auch ohne Garten gibt es viele Ideen, wie man zur Gemüsegärtnerin oder zum Gemüsegärtner wird. Arbeite mit Töpfen oder Pflanzkisten auf deinem Balkon oder deiner (Dach)-Terrasse, oder frage bei einem Kleingärtnerverein an. In manchen Städten, Gemeinden oder auch Schulen gibt es *Urban-Gardening*. Ich kenne eine Familie, die mitten in der Stadt im zweiten Stock ohne Balkon lebt und dennoch einen hängenden Gemüsegarten hat und munter drauflos erntet. *Start growing!*

Die rebellische Gemüsegärtnerin

Ich wurde in Flandern geboren und bin dort aufgewachsen, wo Mme Zsazsa seit Jahr und Tag die Harke schwingt und alles übers Gemüsegärtnern, Röcke nähen und Kochen weiß. Ihre einfache und humorvolle Art, darüber zu erzählen, hat ihr eine große Fangemeinde beschert, zu der auch ich gehöre. Für mich war es wie ein Geschenk, sie in ihrem Gemüsegarten – umringt von Tieren – zu besuchen.

Woher kennt man dich?

»Ich schreibe Bücher. Mein erstes Buch war übers Nähen, weil ich gelernte Schnittvorlagengestalterin bin. Ich hatte damals einen Blog, in dem ich übers Nähenschrieb, aber auch übers Gärtnern und Kochen – alles Interessen, die mir viel Freude bereiten. Inzwischen habe ich über alle drei Themen Bücher veröffentlicht.«

Was ist für dich das Besondere am eigenen Gemüsegarten?

»Die Gartenarbeit ist sehr kreativ und schenkt mir Zufriedenheit. Aus einer Samentüte für 2 Euro kannst du endlos viele Pflanzen ziehen. Haben die Kinder Hunger, dann rupfst du eine Möhre aus der Erde, und sie haben ein vollwertiges, gesundes und zudem leckeres Essen. Die Planung, die jährlichen Wiederholungen und Verbesserungen, die Gestaltung des Gartens … Ich liebe es. Und es hat den Vorteil, dass du draußen aktiv bist, du arbeitest mit der Erde, du kannst darüber nachdenken, was dich gerade beschäftigt.

Ich bin der Überzeugung, dass man glücklicher wird, wenn man einen Gemüsegarten hat. Ich bin im Durchschnitt zwei Stunden täglich mit der Gartenarbeit beschäftigt. Inzwischen wurde es für mich zur Herausforderung, mich das ganze Jahr über aus meinem Garten ernähren zu können. Ich sehe es aber auch nicht als Verpflichtung. Wenn ich im Winter Lust auf eine Gurke habe, kaufe ich die ganz einfach.«

»*Die Farbpalette meiner Tomaten reicht von Gelb zu Grün, Rot, Lila und Schwarz.*«

Wie fühlst du dich, wenn du in deinem Garten arbeitest?

»Zufrieden. Ich koche gerne, aber oft finde ich es auch lästig, mir zu überle-

Tipps

Fang klein an. Sollte dein Garten sehr groß sein, dann pflanz noch ein paar Kürbisse. Die sind pflegeleicht, ihre Blätter bedecken den Boden, was gut gegen Unkraut ist, und im Herbst liefern sie ein leckeres Essen. Mach es dir am Anfang leicht und kaufe Setzlinge, anstatt alles selbst zu säen. In kleineren Gemüsegärten ist Pflückgemüse sehr praktisch. Von einem Grünkohl, Mangold oder Schwarzkohl brichst du dir immer wieder einzelne Blätter ab, während die Pflanze einfach weiterwächst. So hast du eine ausgiebige Ernte von nur einer Pflanze.
Mach dir bewusst, wie wunderbar die Natur ist. Erkenne die Werte von jedem Teil der Pflanze: Schaue hin, probiere, rieche und entdecke!

gen, was wir essen sollen. Durch den Garten ergibt sich während des Tages eine Lösung. Gackert gerade ein Huhn, komme ich auf die Idee, eine Quiche zu machen. Oder ich sehe, dass Rüben reif sind, aus denen ich einen Salat machen kann. Im Garten habe ich Zeit zum Nachdenken. Komme ich beim Schreiben nicht weiter, gehe ich in meinen Garten – ich genieße den Luxus, dass er direkt am Haus ist – und wühle dort ein bisschen herum. Und wenn ich dann wieder an meinem Schreibtisch sitze, fließen die Wörter ganz von allein. Kurz loszulassen hilft mir sehr.« ◆

Biografie

NAME: Kim Leysen, besser bekannt als ›Die Zsazsa‹
SIE MACHT: Alles Mögliche – und das macht sie sehr glücklich / große und kleine Bücher
SIE MAG: In Ruhe ausprobieren
ZU FINDEN UNTER: @mmezsazsa

Pflanzenjauche
LEBENSELIXIER FÜR PFLANZEN

Einen großen Eimer zu zwei Dritteln mit Brennnesseln füllen. (Regen-)Wasser darübergießen, bis alles im Wasser schwimmt. Decke den Eimer ab und stelle ihn draußen an einen warmen Ort. Pass auf: Es fängt an zu stinken, ein Platz neben deinem Liegestuhl ist also nicht zu empfehlen. Rühre die Brühe ab und zu mit einem Stock durch. Wenn es kurz aufschäumt, ist das ein gutes Zeichen. Nach etwa drei Wochen ist die Jauche fertig. Verdünne sie im Verhältnis 1:10 mit Wasser und begieße liebevoll die Wurzeln deiner Pflanzen damit (aber nicht Zwiebeln, Knoblauch, Bohnen und Erbsen). Sie werden es dir ewig danken.

Madame Zsazsas Gemüsegarten Top 5
- Rüben
- Fenchel
- Kohlrabi
- Tomaten
- Möglichst viele verschiedene Kräuter, besonders aber Petersilie

Amazing Amaranth

Amaranth ist eine farbenfrohe Wunderpflanze. Die Setzlinge eignen sich für Keimlinge, die Blätter als Blattgemüse, und aus dem Samen kannst du Brei machen. Oder du puffst den Samen, um einen nussigen, herzhaften Geschmack zu bekommen. Der Samen ist glutenfrei und enthält viele Proteine, Ballaststoffe, Mineralien, ungesättigte Fettsäuren und Vitamine. Und Amaranth sieht auch wunderschön in der Vase aus!

Mme Zsazsas Tipps für nörgelige Esser

Manche Kinder sind beim Essen einfach schwierig, und man macht sich Sorgen, ob sie auch genug Gesundes zu sich nehmen. Koche ihnen dann einen Teller mit nur einer Basiszutat (Nudeln, Reis, Kartoffeln), und sie dürfen sich aus dem Garten ein Gemüse dazu pflücken. Bei uns funktioniert das sehr gut.

Einen Gemüsegarten anlegen

WANN?

Im Frühjahr fängst du mit der Vorkultur an, das geht schon ab Februar / März. Wenn du lieber Setzlinge kaufst, kannst du später anfangen. Und falls du nichts dem Zufall überlassen möchtest, dann fängst du in den ruhigen Wintermonaten schon mit den Planungen und Zeichnungen an – was soll wohin, wann säst du was und solche Sachen.

DU BRAUCHST

- Gute Erde *(z. B. eine Gemüsegartenmischung, angereichert mit Kompost oder Brennnesseljauche – siehe Kasten)*
- Bio-Samen
- Töpfe, Gefäße oder ein Gartenstück *(mit mindestens acht Sonnenstunden am Tag)*
- Gartenschaufel, Spaten und Hacke
- Gießkanne
- Gartenhandschuhe oder nackte Hände
- Pflanzenschilder
- Anzuchtschale oder Frühbeet mit Anzuchterde gefüllt

Was musst du tun?

Weil es hier um Basiswissen geht, fangen wir klein und einfach an – Themen wie Bodenanalyse, Fruchtfolge und Mischkulturen behandeln wir hier nicht.

Schritt 1

Ein Gemüsegarten fängt mit Planung an. Mach dir eine Liste mit Gemüsesorten, Obst und Kräutern, die du gerne isst oder auf die du neugierig bist. Liebst du Salat im Sommer? Dann rate ich dir zu Salat, Mangold, Tomaten oder Gurken. Magst du lieber Suppen? Dann eignen sich: Kürbis, Zucchini und Schwarzkohl. Und mit welchen Kräutern kochst du gerne? Es geht nichts über frische Kräuter aus dem eigenen Garten!

Schritt 2

Nimm dir Papier und Bleistift und fange mit Skizzen an. Du kannst auch einfach drauflos säen und pflanzen, doch mit einem Gemüsegartenplan hast du einen Überblick und ein gutes Gefühl. Male auf, was du in die einzelnen Bereiche pflanzen willst, wie groß sie sein sollen oder wo du Kästen / Töpfe hinstellst. Was willst du vorziehen und was willst du direkt pflanzen? Wie viel brauchst du? Denk daran, dass nicht alle Pflanzen angehen oder überleben. Tipp: Plane deinen Gemüsegarten in Küchen- oder Hausnähe, dann erledigt sich die Pflege fast von allein.

Schritt 3

Da du jetzt weißt, was du säen oder pflanzen willst und auch wo, ist es an der Zeit, die Samen zu kaufen. Es gibt viele Geschäfte mit Bio-Samen, die auch einen Onlineshop haben. Wahrscheinlich hast du nach deinem ersten Besuch in der Samenhandlung viel Inspiration gesammelt und fügst deiner Liste viele weitere Sorten hinzu. Das ist nicht schlimm! Versuche dennoch, es etwas einzugrenzen, sonst hast du hinterher fünfzig Samentüten im Haus, wilde Pläne, aber nur Platz für fünf Sorten.

»To plant a garden
is to believe
in tomorrow «

– Audrey Hepburn

Schritt 4

So, damit bist du schon mal gut vorbereitet. Zeit, erste Pflänzchen drinnen zu ziehen. Lege immer nur einen Samen in jeden Anzuchttopf, dann Wasser hinzu, abdecken und warten. Halte die Erde feucht, aber nicht zu nass. Schon bald wirst du die ersten grünen Keimlinge entdecken mit ihren ersten Blättern, den sogenannten Keimblättern. Sobald deine Setzlinge richtige Blätter bekommen, kannst du sie in größere Töpfe umpflanzen (pikieren), damit sie dort groß und kräftig werden. Gehe behutsam vor und nimm zum Beispiel einen Löffel zu Hilfe, um sie aus der Erde zu holen.

Schritt 5

Sobald die Eisheiligen vorüber sind (ungefähr Mitte Mai) und es keinen Nachtfrost mehr gibt, ist es Zeit, deine Setzlinge nach draußen zu versetzen. Pflanze sie an den Ort, den du dir für sie in deinem Gemüsegarten, Topf oder Kasten überlegt hast, und gib ihnen genügend Platz. Jetzt noch etwas Wasser geben und zuschauen!

Schritt 6

Natürlich kannst du auch ohne Vorkultur direkt ins Beet säen. Der beste Zeitpunkt dafür ist hinten auf den Samentüten vermerkt. Trage dir das Datum in deinen Gemüsegartenplan oder in deinen Kalender ein, damit du es nicht vergisst. Aber wie sät man direkt ins Beet? Bei Töpfen und Kästen reicht es aus, wenn du mit dem Finger ein nicht zu tiefes Loch in den Boden stichst, dort ein paar Samenkörner (nicht zu viele) hineingibst, diese mit Erde bedeckst und ihnen etwas Wasser gibst.
Bei größeren Gemüsebeeten legst du den Stiel deiner Harke, Schaufel oder deines Besens auf dein Beet und drückst ihn fest an. So bekommst du eine perfekt gerade Rinne. Gib die Samenkörner im angegebenen Abstand und in der richtigen Tiefe in die Kuhle, bedecke alles mit einer Schicht Erde und gieße Wasser darüber.

Schritt 7

Wenn du lieber nicht so viel Arbeit mit Unkrautjäten haben möchtest, ist es ratsam, Mulch aufzutragen. Das heißt nichts anderes, als die Erde rund um deine Pflanze mit pflanzenhaltigem Material abzudecken (Grasschnitt, Stroh, Zweige, Baumrinde, Holzspäne, Gartenabfälle, Grünschnitt). Auch bei Erdbeeren und Zucchini ist es ratsam, ein Strohbett um die Pflanze zu legen, damit sie langsamer verwelken. Zudem kann so ein Bett oft auch richtig hübsch aussehen.

Schritt 8

Eigentlich kannst du jetzt schon richtig stolz auf dich sein. Kümmere dich weiter ums Unkraut, und gieße deine Pflanzen, dann kannst du schon bald eine erste Mahlzeit aus deinem eigenen Gemüsegarten genießen.

Variationstipp

Ein Gemüsegarten ohne Obst und Blumen ist wie Tee ohne Kekse: Es geht, aber es fehlt etwas. Blumen ziehen zudem Bienen an, die nützlich für die Bestäubung des Gemüses sind. Und mit Obst im Garten gibt es während der Arbeit immer was zu naschen. Falls dir das Projekt Gemüsegarten zu groß erscheint, dann versuch es doch wenigstens mit ein paar Kräutertöpfen, die werten in der Küche jedes Gericht auf. Trockne sie, oder friere sie ein – so hast du das ganze Jahr frische Geschmacksboten!

Einfache Einsteigergemüse

- **Rüben**
- **Rucola**
- **Kürbis**
- **Zucchini**
- **Tomaten**
- **Spinat**
- **Kräuter**

MINIMALI-SIEREN

Zur Entschleunigung meint, das Leben langsamer, bewusster und aufmerksamer zu führen. Der Fokus liegt dabei auf den Dingen, die dich richtig glücklich machen. Alles Überflüssige muss raus. Minimalisieren ist ein schöner und praktischer Ausgangspunkt für einen Start in ein Leben mit mehr Einfachheit. Denn: Je mehr Dinge du hast, desto mehr Zeit brauchst du für deren Pflege. Doch diese Zeit verwendest du besser für die Dinge, die du genießen kannst.

»Aufräumen ist ein Mindset«

Merel van Rodijnen ist eine Coachin der KonMari-Methode, bekannt von Aufräum-Guru Marie Kondo. Ein aufgeräumtes Haus schenkt dir Ruhe im Kopf und in deinem Leben, meint Merel. Sie hat sich zum Ziel gesetzt, möglichst viele Menschen zum Aufräumen zu bewegen, damit alle sich mit Dingen beschäftigen können, die wirklich wichtig sind und die sie glücklich machen. Ich selbst – leidenschaftliche Sammlerin und ziemlich unordentlich – bin sehr gespannt, was ich alles von Merel und Marie lernen kann.

Wie funktioniert die KonMari-Methode?

»Mit der KonMari-Methode räumst du in Kategorien auf. Du folgst deinem Herzen, um zu spüren, was dich glücklich macht. Ich begleite andere dabei, eine Wahl zu treffen. Beim Aufräumen tauchen alle möglichen Zweifel auf. Ich stelle dann die richtigen Fragen im richtigen Moment. Ich schaue auch beim Aufbewahren zu. Die größte Arbeit – das Wegwerfen – machen die Leute allein.«

Was hat dich an dieser Methode überzeugt?

»Minimalismus kann manchmal sehr streng wirken, wegen der Regeln, was alles weg soll. Früher habe ich mit einem negativen Mindset aufgeräumt. Die KonMari-Methode sorgt dafür, dass du nur das behältst, was dich auch wirklich glücklich macht.«

Wie hast du mit dieser Arbeit angefangen?

»Unser früheres Haus war doppelt so groß wie unsere jetzige Wohnung. Wir haben das Haus verkauft, weil wir finanziell unabhängiger sein wollten, um herauszufinden, was wir wirklich im Leben wollten. Ich arbeitete in einem Labor, war aber unzufrieden in meinem Job. Als ich während des Umzugs am Aufräumen war, wurde mir bewusst, dass ich eigentlich schon mein ganzes Leben lang am Aufräumen bin und dass es mir Spaß macht.

»Ich bin von Dingen umgeben, die mich glücklich machen.«

Daraufhin habe ich in New York einen Kurs bei Marie Kondo belegt. Ich habe gelernt, eine behutsame und ruhige Herangehensweise auf andere zu übertragen. Aufräumen scheint vor allem ein Mindset zu sein. Du musst wirklich aufräumen wollen, du musst motiviert sein und einen echten Grund haben. Aufräumen dauert einfach lange und macht nicht immer Spaß.«

Wann kommen die Menschen zu dir?

»Meistens wenn sie nach Ruhe in ihrem Zuhause suchen. Wir erstellen dann zunächst ein Moodboard, damit du eine Vorstellung davon bekommst, wie deine ideale Wohnumgebung aussehen soll. Minimalismus ist dabei aber nicht das ultimative Ziel, es muss für dich funktionieren. Geschenke wegzuwerfen fällt jedem besonders schwer. Denn stell dir vor, die schenkende Person erfährt etwas davon. ›Vielleicht brauche ich das ja noch‹, auch das ist häufig ein Hindernis. Ich stelle dann gezielte Fragen zur Entscheidungsfindung, damit die Leute hinterher wirklich nur noch Dinge haben, die sie glücklich machen.«

Was gefällt dir daran, eine Aufräum-Coachin zu sein?

»Auf ein Ziel hinzuarbeiten und zu sehen, dass die Menschen sich wirklich verändern. Sie werden ruhiger, haben mehr Zeit für schöne Dinge. Oft kommt es zu einer Veränderung: ein neuer Job, ein neues Hobby oder ein altes Hobby wird wieder neu aufgenommen. Aufräumen heißt zum Teil auch Verarbeiten: Du gehst deine ganzen Sachen durch und ordnest deine Vergangenheit. Du lernst dich selbst besser kennen, entdeckst, was dir wichtig ist und was dich glücklich macht. Es ist einfach wunderbar, dass ich anderen helfen kann! Das Endergebnis macht mich immer froh. Wenn ich die Schränke öffne und denke: Ja!«◆

Biografie

NAME: Merel van Rodijnen
SIE MACHT: Aufräumen leicht und einfach
SIE MAG: Zu Hause sein, Hygge, Stille, die Katze Maki, Reisen, Natur, Aufräumen, Festivals
SLOW-LIFE-TIPP: Ordentliches Zuhause, ordentlicher Geist – abgedroschen, aber wahr. Umgib dich mit deinen Lieblingssachen, damit du dich wirklich wohl fühlst und nicht unnötig abgelenkt wirst.
ZU FINDEN UNTER: www.net-thuis.nl und @netthuis. Hier teile ich Basistipps für ein aufgeräumtes Zuhause und wie man es ruhiger angehen lässt.

Eine große ›Spark-Joy‹-Session

WANN?

Wenn es Frühling wird: Anstatt Großputz veranstalten wir eine ›Spark-Joy‹-Session. Aufräumen und Minimalisieren gehen aber immer.

DU BRAUCHST

• Ein unordentliches Zuhause und eine ordentliche Portion Motivation
• Abfallsäcke

Was musst du tun?

Schritt 1
Vorstellung

Erstelle ein Moodboard mit deiner Vorstellung von einem Idealleben. Wie fühlt sich dein Zuhause an, was machst du gerne, wenn du aufstehst, welche Rituale hast du? Das ist eine Hilfe, die stark motiviert und auf die du zurückgreifen kannst, wenn du zwischendurch einen Durchhänger hast. Dein Moodboard hilft dir auch dabei, eine Wahl zu treffen. Zögerst du noch? Dann frage dich: Passt das in mein Idealleben, passt das zu der Person, die ich sein will?

Schritt 2
Kleidung

Gehe durch dein Zuhause und sammle alle Kleidungsstücke von dir, die du dabei entdeckst. Lege sie alle auf einen Berg. O ja, das kann manchmal durchaus erschreckend sein! Bilde eventuell Kategorien für die Kleidung (Jacken, Schwimmsachen, Sommer, Winter und so weiter). Stelle dir dann die folgenden Fragen: Passt das zu meinem idealen Ich? Bei einem ›Ja‹ bleiben sie. Bei Zweifeln oder einem ›Nein‹ verschwinden sie.

Schritt 3
Bücher

Hier gehst du nach derselben Methode vor, bis du hinterher ein Bücherregal mit Büchern übrig hast, das ein Lächeln auf dein Gesicht zaubert. Du liest gerne auf Papier, aber du liest deine Lieblingsbücher nicht noch einmal? Tausche deine überflüssigen Bücher mit anderen, damit du auf nachhaltige Art zu neuem Lesestoff kommst. Eine Kiste mit Büchern zum Verschenken vorm Haus ist auch eine schöne Möglichkeit, wie du deine gelesenen Bücher weitergeben kannst.

»Aufräumen lehrt dich, was dir wichtig ist und was dich glücklich macht.«

Schritt 4
Papier

Diese Kategorie ist meistens ziemlich langweilig. Wenn du hiermit startest, hast du hinterher keine Lust mehr weiterzumachen. Und wenn du diese Kategorie am Schluss einplanst, dann beendest du sie wahrscheinlich nicht. Deshalb steht diese Kategorie in der Mitte. Denke an Post, wichtige Dokumente, Gebrauchsanweisungen. Papier kann fast immer weg, besonders in dieser digitalen Zeit. Und wenn du es einmal richtig durchgezogen hast, ist es damit für immer abgeschlossen.

Schritt 5
Komono

Komono ist eine Bezeichnung für »alles Übrige«. Eine ziemlich umfangreiche Kategorie, denn sie löst viele Erinnerungen aus, und die Verlockung ist groß, all die Liebesbriefe noch einmal zu lesen und beim Durchblättern der Fotoalben dahinzuschmelzen. Tu das nicht! Nimm dein Fotoalbum oder den Stapel mit den Kinderzeichnungen nur in die Hand und überlege, ob sie dich glücklich machen. Hab keine Angst vor diesem Schritt, denn es muss nichts weg, was dir ein gutes Gefühl gibt. Erst wenn du alles durchgegangen bist und den NEIN-Stapel entsorgt hast, kannst du dich auf eine Reise in die Vergangenheit begeben.

Vom Minimalisieren zum Slow Living

Minimalismus richtet sich auf die Dinge und dein Zuhause, Slow Living geht darüber hinaus. Bei Slow Living beschäftigst du dich intensiv mit deiner Lebensweise und versuchst herauszufinden, was dich glücklich macht. Dazu zählen zum Beispiel auch deine Arbeit, Zeiteinsatz, Gewohnheiten und deine Beziehung zu anderen.

Überlege einmal genau, was du an einem Tag alles tust, welche Aktivitäten dich Energie kosten und was dir Energie gibt. Kannst du deine Energiefresser zu Energiespendern umformen? Kannst du mehr Zeit auf deine Energiespender verwenden? Es wird immer Dinge geben, die weniger Spaß machen, aber dennoch erledigt werden müssen (bei mir ist das Putzen), aber versuche doch einmal herauszufinden, wie du das Putzen zu einem Energiespender oder »Zufriedenmacher« umformen kannst (Musik auflegen, Mitsingen, sich an dem schönen Ergebnis erfreuen, sich bewusst damit beschäftigen). Dasselbe gilt auch für Freundschaften und Beziehungen. Wir alle kennen diese eine Bekanntschaft, die sich andauernd mit dir treffen will, oder die Freundin, die immer zu lange bleibt. Lege eine Liste mit den Menschen an, die dich glücklich machen, und verbringe mehr Zeit mit ihnen.

Tipps
NACH OBEN

Verstaue alles aufrecht. Das spart tatsächlich Platz. Mit Büchern machen wir das oft so, aber versuch es auch mit deiner Kleidung, Handtüchern etc. Verstaue deine Unterkategorien zusammen an einem Ort und in Behältern. Oft liegen an sechs verschiedenen Stellen im Haus Papiere herum. Das Ergebnis sind Stapel in einer Ecke auf dem Tisch oder eine vollgestopfte Schublade. Mach es dir einfach und gib deinen Sachen einen festen Platz, wo sie wohnen können.

WOHIN MIT DEN DINGEN, DIE WEG KÖNNEN?

Ausrangierte Dinge sind kein Abfall. Also versuche es zunächst mit Online-Verkauf. Betrüge dich aber nicht selbst, indem du deine Anzeige immer wieder verlängerst, sondern gib deinen Dingen eine einzige Runde. Wenn sie innerhalb dieser nicht verkauft wurden, spende sie einem Secondhand-Shop, gib sie in eine Tauschbörse oder verschenke sie für einen guten Zweck.

FLECHTEN MIT WEIDEN

Das Flechten mit Weiden stammt aus der Steinzeit. Unsere frühen Vorfahren haben mit Weiden ihre Hauswände geflochten. Um 1850 herum war das Weidenflechten so stark im Trend, dass das Material knapp wurde. Aber genug von der Geschichte – zurück zum Jetzt. Heute werden wir modernen Menschen von einer Stunde Flechten richtig tiefenentspannt. Und nebenbei entstehen nützliche und nachhaltige Dinge wie ein Zaun, ein Gartenbehälter oder sogar ein grünes Tipi in deinem Garten.

Flechten mit Weiden

WANN?

Von Mitte Dezember bis Mitte April werden die Kopfweiden geschnitten. Dann gibt es frische und biegsame Weidenzweige – und genau die brauchst du!

Weidenzweige, die trocken geworden sind, kannst du wieder biegsam machen, indem du sie mindestens zwölf Stunden in Wasser einweichst. Oder du legst sie aufs Gras und sprühst sie nass. Der Morgentau wird dich unterstützen. Damit kannst du das ganze Jahr über flechten.

DU BRAUCHST

Wir fangen mit einem Behälter für den Garten an. *(Das Prinzip für einen Zaun ist dasselbe, nur wird hier für die Pfeiler Kastanienholz verwendet, die 60 bis 80 cm tief in die Erde gesetzt werden.)*

- Frische Weidenzweige *(Du willst selbst schneiden? Das ist oft gratis. Informiere dich bei deinem Wohnort oder einem Bauernhof.)*
- Stabile Zweig- und Astschere
- Hammer / Erdlochbohrer

Was musst du tun?

Schritt 1

Untergrund vorbereiten und von Unkraut befreien. Die dicksten Weidenzweige in ungefähr 50 cm große Stücke schneiden. Sie werden die Pfeiler. Du brauchst acht Stück für die Ecken sowie als Zwischenpfahl alle 60 cm einen zusätzlich. Also erst messen und rechnen!

Schritt 2

Schlage die Eckpfeiler mit einem Hammer in den Boden. In jede Ecke kommen zwei Pfeiler. Schlag alle 60 cm einen Zwischenpfeiler in den Boden. Achte darauf, dass die Pfeiler mindestens 20 cm tief im Boden sind. Eine gute Möglichkeit, überschüssige Energie loszuwerden!

Schritt 3

Das Flechten! Fang in einer Ecke mit den dicken Weidenzweigen an. Flechte die Weiden um die Zwischenpfeiler herum, überprüfe die Spannung. Mit dem zweiten Weidenzweig beginnst du an derselben Stelle, allerdings auf der anderen Seite vom Pfeiler. Bei Zweig drei und vier wiederholst du das am gegenüberliegenden Eckpfeiler, damit die Höhe deiner Wand gleichmäßig wächst.

Schritt 4

Drück für die Stabilität die geflochtenen Weidenzweige regelmäßig nach unten. Wenn du alle Seiten geflochten hast, kürzt du die überstehenden Zweige und Pfeiler auf gleiche Höhe.

Tipps für Variationen

LEBENDIGES TIPI

Kinder, Katzen und Erwachsene wirst du verblüffend oft in diesem Tipi antreffen. Stundenlanger Spielspaß ist garantiert, zudem hast du ein geschütztes Plätzchen für dich mit einem guten Buch.

Markiere in deinem Garten einen Kreis auf einem unkrautfreien, flachen Untergrund. Überlege dir die Stelle und Breite für den Eingang. Grab alle 60 cm Löcher mit einer Tiefe von 60 bis 80 cm mit einem Erdlochbohrer oder einem Spaten in den Boden. Schneide die Borke am unteren Ende von deinen dicksten Weidenzweigen ab, damit dein Tipi hoffentlich schön grünt. Setze die Pfeiler in die Löcher, und drücke sie fest an. Steige auf eine Leiter und binde die Spitzen von deinem Weidenzweiggerüst mit einem Seil zusammen. Flechte nun dünnere Weidenzweige durch dein Weidengerüst und mach es so dicht oder offen, wie du es magst. Jetzt einfach ein paar Minuten warten, und schon tauchen die ersten neugierigen Besucher auf.

BLUMEN-KRONE

Manchmal muss man sich ein wenig aufpeppen. Da gibt es kaum ein besseres Mittel, als sich ein Feld mit Wildblumen zu suchen und sich mit einem Blumenkranz im Haar zu schmücken. Glaube mir, danach fühlst du dich wie eine (Elfen-)Königin auf einem Ball! Auch zu besonderen Anlässen sieht eine Blumenkrone im Haar schön festlich aus. So ein Kranz ist übrigens auch für Männer als Hutdekoration sehr hübsch. Oder du hängst ihn einfach an die Wand, auch dort macht er sich richtig gut. Du siehst, mit einer Blumenkrone lässt sich einiges machen!

»Blumen sind meine große Liebe.«

Versteckt zwischen Äckern und einem Gewerbegebiet liegt ein wahres Blumenparadies. Hier baut Marjolijn, Besitzerin vom Studio Raket & Distels, ihre Blumen selbst an, bunt und üppig sind sie und manche sogar meterhoch, wie die Wilde Artischocke. Mit ihrer frisch geborenen Tochter Doortje im Tragetuch vorm Bauch pflückt sie munter drauflos. Danach bindet sie im Handumdrehen eine Blumenkrone – wunderschön und doch ganz anders als die Blumenkreationen, mit denen sie Hochzeiten und Events dekoriert.

Wie kam es zu Raket & Distels?

»Gärtnern und Blumen selbst ziehen waren schon immer meine große Leidenschaft. Selbst als kleines Mädchen konnte ich viele Blumen bestimmen. Ich hatte bei meinen Eltern im Garten meinen eigenen kleinen Gemüsegarten und habe dort viel ausprobiert. Nach der Kunstakademie und verschiedenen Jobs im ›Grünen‹ und im Kunstbereich verspürte ich noch immer eine Unruhe. Schließlich endete meine Suche wieder bei meiner großen Leidenschaft für Blumen. Ich bin wahnsinnig glücklich mit meiner jetzigen Tätigkeit: Ich habe mein eigenes Studio, dort entstehen meine Kreationen mit (Trocken-)Blumen, die ich teilweise selbst anbaue. Inzwischen aber mit einem kreativen Blick – den hatte ich früher nicht.«

Wieso Blumen?

»Ich habe immer gedacht, ich würde Gemüse anbauen wollen. Doch während meiner Ausbildung am Warmonderhof – für biodynamischen Gartenbau und Landwirtschaft – kam ich mit Blumen in Berührung und wusste sofort: Das ist es! Blumen kannst du nicht nur selbst ziehen, du kannst mit ihnen auch wunderbar deine persönliche Handschrift zeigen, etwas, was nur von dir ist. Auf einmal eröffnete sich mir eine neue Welt: mit Blumensträußen, Installationen, Kränzen. Ich arbeite übrigens auch gerne Gemüse in meine Sträuße mit ein: Lila Blumenkohl, Bohnenranken oder Artischocken.«

»*Ich mag es, mit den Füßen im Matsch zu stehen. Und mir gefällt die intensive Beschäftigung mit Blumen.*«

»Inzwischen baue ich meine Blumen mit einem kreativen Blick an – den hatte ich früher nicht.«

Was gefällt dir so sehr an der Arbeit?

»Weil ich auf meinem eigenen Grundstück Blumen ziehe, lebe ich mit den Jahreszeiten. Und ich nehme immer alles Mögliche mit nach Hause: Gemüse, Saatgut, Zweige und sogar Schnecken. Meine Wohnung ähnelt manchmal einem großen Jahreszeitentisch.«

Was ist dir wichtig?

»Ich mag es, mit den Füßen im Matsch zu stehen. Und mir gefällt die intensive Beschäftigung mit Blumen. Besonders schön ist, dass ich entscheiden kann, welche Blumen ich anbaue, denn ich weiß, wie ich sie bei meiner Arbeit einsetze.«

Hast du Tipps für Menschen, die auch etwas mit Blumen machen wollen?

»Einfach viel ausprobieren. Ich habe mit einem dreißig Quadratmeter großen Garten angefangen. Ich habe angepflanzt, was mir gerade gefiel. Vieles hat funktioniert, einiges aber auch nicht. Dasselbe gilt fürs Trocknen. Pflücke, was dir gefällt, und hänge es zum Trocknen auf. Unglaublich, was sich alles trocknen lässt! Probiere verschiedene Blühphasen aus, oder warte, bis sich der Samen bildet. Die Natur steckt voller Überraschungen.«

◆

Biografie

NAME: Marjolijn Fliek
SIE MACHT: Wunderbare Kreationen aus selbst angebauten Blumen
SIE MAG: Schwimmen in einem kalten See
SLOW-LIFE-TIPP: Lege dir einen Garten zu, die Natur hat es nie eilig.
ZU FINDEN UNTER: @raketendistels und raketendistels.myshopify.com

Eine Blumenkrone flechten

WANN?

Eine Blumenkrone kannst du
dir im Sommer und im Frühjahr flechten. Ideal für ein
(Mitt-)Sommernachtsfest oder
eine Hochzeit.
Nimm eventuell Trocken-
blumen, wenn deine Krone
länger halten soll.

DU BRAUCHST
- Blumendraht
- Malerkrepp
- Kordel
- Schönes Schleifenband
- Frische oder getrocknete
  Blumen

Was musst du tun?

Schritt 1

Nimm mit dem Draht Maß von deinem Kopf, vom einen Ohr entlang der
Stirn bis zum anderen Ohr – aber nicht zu eng, denn am Schluss passt du
mit der Schleife die richtige Größe an. Schneide den Draht ab.

Schritt 2

Mach an die beiden Drahtenden eine Schlaufe, und drehe sie gut zu.

Schritt 3

Wickle das Malerkrepp um den Draht, dann trägt es sich angenehmer und
die Blumen halten besser.

Schritt 4

Befestige ein Stück Kordel oberhalb der Schlaufe. Jetzt kommt der schöne
Teil: Suche dir Blumen aus! Pflücke schon beim Spazierengehen, was dir
gefällt, oder breite deine Sammlung auf dem Tisch aus. Binde immer einen
kleinen Strauß, und wickle ihn mit der Kordel um den Draht. Nach jedem
Strauß festknoten, damit du die Krone nicht verkrampft festhalten musst.
Mach dann mit dem nächsten Strauß weiter, den du etwas höher und
seitlich versetzt neben dem vorherigen befestigst. Wickle die Kordel
immer mit, damit das Malerkrepp überdeckt wird. Mach so weiter, bis der
Draht schließlich mit Blumen bestückt ist.

Schritt 5

Zieh jetzt das Schleifenband durch die Schlaufen und binde dir den Kranz
fest um den Kopf. Mit dem Schleifenband lässt sich die Blumenkrone an
jeden Kopfumfang anpassen. Jetzt bist du fertig und kannst stilvoll durch
liebliche Landschaften streifen.

Tipps
BLUMENKOMBINATIONEN FÜR DEINE KRONE FINDEN

Du kannst Blumen nehmen, die gerade blühen oder die zu deiner Kleidung passen. Schaue bei den Blumen auch nach Komplementärfarben aus dem Farbkreis. Nach dieser Farbenlehre passen folgende Farben gut zueinander: Blau – Orange, Lila – Gelb, Grün – Rot. Oder geh Ton-in-Ton vor: allerlei Schattierungen aus derselben Farbfamilie.

PFLANZEN-STECKLINGE

Das Prinzip der Stecklinge ist ganz einfach: Du schneidest ein Stück von einer Zimmerpflanze ab, stellst den Steckling ins Wasser und wartest ab, bis sich Wurzeln bilden. Dann pflanzt du den Steckling in einen Topf mit Erde ein und fertig ist die neugeborene Pflanze. Aber pass auf: Dieses Hobby macht süchtig, und du fühlst dich wie die Mutter Teresa der Pflanzenkümmerlinge. Es gibt übrigens auch organisierte Tauschbörsen für Stecklinge. Oder du verschenkst deine Stecklinge an Freund:innen oder deine Familie, damit sie beim Gießen immer an dich denken.

»Stecklinge ziehen ist meine Obsession.«

Ich habe Angélica Vis bei einem Schnupperabend vom Graphischen Atelier in Den Bosch kennengelernt. Sie hat dort gezeigt, wie sie Holzschnitte von ihren Pflanzen macht. »Schau mal, das ist meine Pflanze Herman. Zu Hause habe ich noch ganz viele Pflanzenbabys«, sagte sie. Auch in ihrer Fotografie zeigt sich ihre Liebe für Pflanzen. Sieht sie irgendwo eine verkümmerte Pflanze, dann nimmt sie sie mit zu sich nach Hause in ihre Wohnung, in der überall Pflanzentöpfe mit Stecklingen stehen. Und so musste ich nicht lange überlegen, als ich mich nach jemandem für ein Interview zu diesem Thema umgesehen habe.

Wieso hast du damit angefangen, Stecklinge zu ziehen?

»Ich wollte überall in meiner Wohnung Pflanzen haben. Angefangen habe ich mit dem Chinesischen Geldbaum, von dem sich leicht Stecklinge ziehen lassen. Ich habe die Pflanze auch gekauft, um die Stecklinge an Freund:innen zu verschenken. Die Pflanze war damals gerade so beliebt, dass man sie nirgendwo bekommen hat. Mittlerweile habe ich bestimmt zwanzig Stecklinge verschenkt. Meine Mutter hat inzwischen auch zwei große Chinesische Geldbäume bei sich zu Hause, von denen sie Stecklinge an ihre Freund:innen verschenkt. Meine Freund:innen wissen, dass ich gerne Stecklinge geschenkt bekomme. Von diesen ziehe ich wieder Ableger und verschenke sie weiter. Bei der Arbeit haben wir eine Tauschbörse für Stecklinge. Der Chinesische Geldbaum geht inzwischen nicht mehr so gut weg, den haben wir alle. Sehr gefragt sind momentan die Bananenpflanze und die Forellenbegonie.«

Wie funktioniert so eine Tauschbörse für Stecklinge?

»Wenn du zu der Tauschbörse gehst, gibst du deine Stecklinge ab und bekommst dafür dann Coupons, die du wieder gegen neue Stecklinge auf dem großen Tisch tauschen darfst. Schon bald kommst du mit den anderen über irgendwelche Pflanzen ins Gespräch, so eine Tauschbörse ist eine lustige kleine Welt für sich.«

»Sogar die Liebe kann durch Stecklinge erblühen.«

Konntest du durch deine Leidenschaft für Stecklinge auch neue Kontakte knüpfen?

»Ja, denn du lernst automatisch viele Leute mit denselben Interessen kennen. Einmal hat jemand sogar direkten Kontakt zu mir aufgenommen, weil er mich auf der Steckbörse gesehen hat. Ich war nicht interessiert, aber – hypothetisch betrachtet – kann sogar die Liebe durch Stecklinge erblühen!«

Wenn du dir dein Zimmer anschaust und die vielen Pflanzen siehst, was denkst du dann?

»Wenn sie so richtig schön grün sind, bin ich stolz. Ich mache dann viele Fotos von meinen Schmuckstücken. Doch wenn sie etwas schlaff herunterhängen und verwelkte Blätter haben – so wie jetzt –, mache ich mir wirklich Sorgen. Manchmal denke ich sogar, dass ich damit aufhören und alle Pflanzen rauswerfen sollte. Nur wäre es dann ziemlich kahl bei mir – es ist doch toll, seinen Dschungel zu haben. Und würde man mir einen neuen Steckling schenken, würde ich sowieso wieder damit anfangen … Stecklinge ziehen ist schon so etwas wie eine Obsession, haha!

> *»Wenn die Pflanzen so richtig schön grün sind, bin ich stolz.«*

Vor ein oder zwei Jahren hat mir eine Freundin einen Steckling von der Forellenbegonie geschenkt. Der wuchs super gut. Sie hatte den Steckling wiederum von ihrem Neffen bekommen. Die Familie hat eine WhatsApp-Gruppe mit dem Namen Truus für diese Pflanze aufgemacht, um zu zeigen, wie es ihren Ablegern geht. Von Truus gibt es Tausende Stecklinge! Leider ist meine Truus jetzt eingegangen.« ◆

Biografie

NAME: Angélica Vis
SIE MACHT: Fotos, Illustrationen und Stecklinge
SIE MAG: Draußen in der Natur sein und sich von ihr inspirieren lassen, Pflanzen fotografieren, ein gutes Buch lesen, wenn es draußen regnet, ein perfektes Porträtfoto schießen, einen großen Becher Kräutertee, ein Feld mit Wildblumen
SLOW-LIFE-TIPP: Täglich einen Spaziergang draußen in der Natur machen und den Wechsel der Jahreszeiten genießen.
ZU FINDEN UNTER: www.angelicavis.nl und @angelica.vis

Stecklinge ziehen

WANN?

Der Frühling ist ideal zum Ziehen von Stecklingen, aber eigentlich funktioniert es das ganze Jahr über. Außer im Winter, denn dann legen die meisten Pflanzen eine Ruhepause ein.

DU BRAUCHST

- Ein scharfes, sauberes Messer
- Eine Flasche mit Wasser
- Blumenerde (nach einiger Zeit)
- Eine für Stecklinge geeignete Pflanze. Das sind fast alle Sorten, aber wir fangen mit Pflanzen an, die sich gut durch Stecklinge vermehren lassen.

Was musst du tun?

Jede Pflanze verhält sich bei Stecklingen anders, aber zum Glück gibt es auch viele Gemeinsamkeiten. Unten findest du zwei Beispiele von Pflanzen, die sich einfach vermehren lassen:

Vermehren durch Ausläufer

Bananenpflanze, Chinesischer Geldbaum, Grünlilie

Schritt 1

Diese Pflanzen bilden selbst neue Ableger, an denen sich Wurzeln bilden. Trenne dieses Babypflänzchen vorsichtig ab, indem du es schräg und möglichst nah an der Mutterpflanze abschneidest.

Schritt 2

Stelle den Steckling zunächst für einige Zeit in eine Flasche mit Wasser, damit sich Wurzeln bilden können.

Schritt 3

Pflanze den Ableger nun in feuchte Blumenerde ein und *let it grow!*

Stammstecklinge

Drachenbaum, Aralia, Glückskastanie, Efeu, Fensterblatt Monstera, Strahlenaralie, Rhipsalis, Wunderstrauch und Zwergpfeffer

Schritt 1

Schneide ein Stück Stängel 3 cm unter einem Auge schräg ab. Ein Auge ist eine deutliche Verdickung am Zweig, wo sich neue Blätter oder Zweige bilden. Dein abgeschnittener Stängel sollte ein bis zwei Blätter haben und ungefähr 15 cm lang sein.

Schritt 2

Stelle den Stängel in eine Vase mit Wasser, und warte ab, bis sich 3 cm lange Wurzeln gebildet haben. Das kann durchaus mehrere Wochen dauern, deshalb solltest du alle ein bis zwei Wochen das Wasser wechseln.

Schritt 3

Dein Steckling kann nun in feuchte Blumenerde weiterwachsen. Glückwunsch, du hast die Welt ein bisschen schöner gemacht!

HOLUNDER-BLÜTEN-SIRUP

Wenn du Ende Mai durch die Natur streifst, liegt vielleicht plötzlich ein herrlicher Blütenduft in der Luft. Gut möglich, dass er von einem Holunderstrauch kommt, mit seinen auffälligen weißen Dolden, die zu dieser Zeit blühen. Schon seit Jahrhunderten sagt man den Holunderblüten eine heilende Wirkung nach. Sie sollen unsere Infektabwehr unterstützen, also gut gegen Erkältungen und Grippe helfen.

Holunderblütensirup machen

Ende Mai / Anfang Juni

DU BRAUCHST
- Schere
- Idyllische Körbchen
- Topf
- Saubere Weckgläser
- Sieb
- Dünnes Geschirrtuch oder Passiertuch
- Sterilisierte Flasche für den Sirup

ZUTATEN
- Ungefähr 150 g Holunderblüten
- 1 l Wasser
- 1 kg Zucker *(Rohrzucker, Kristallzucker, Stevia, Agavensirup)*
- 2 Zitronen

Aus Holunderblüten kannst du köstlichen Sirup machen, mit einem hauchzarten blumigen Muskatgeschmack. Ideal für sommerliche Limonaden, als Begleitung zum Dessert oder für die besondere Note in deinem Gin Tonic. Also, schwing dich aufs Rad, nimm Schere und Korb für den idyllischen Look mit, und mach dich auf die Suche nach Holunder!

Was musst du tun?

Schritt 1
Suche dir einen blühenden Holunderstrauch und schneide die schönsten, weiter oben blühenden Dolden ab (im unteren Bereich lauert nämlich die Gefahr von Hundepipi). 150 g (ein kleiner gefüllter Korb) reichen für einen Liter Sirup.

Schritt 2
Schüttle die Dolden kurz aus, dann bekommen die Insekten, die sich darauf befanden, noch eine letzte Überlebenschance. Fülle 1 l kaltes Wasser in ein (Weck-)Glas. Schneide die Blüten von den größeren grünen Zweigen ab, die einen bitteren Geschmack abgeben würden. Lass die Blüten im Wasser mindestens 24 Stunden für den typischen Holunderblütengeschmack ziehen. Sieht ziemlich klasse aus, oder?

Schritt 3
Schütte die Mischung durch ein Sieb. Falls sich noch Schmutzpartikel im Blütenwasser finden, kannst du die Mischung auch noch einmal durch ein Passiertuch gießen (ein dünnes Geschirrtuch funktioniert auch). Jetzt kommt das klare Holunderblütenwasser in einen Topf, mit ungefähr 1 kg Zucker. Der Zucker (und die Zitronen) sorgen nicht nur für den Geschmack, sondern auch für eine lange Haltbarkeit. Also nicht beim Zucker sparen!

Schritt 4

Rührend alles fünf bis höchstens zehn Minuten erhitzen, bis es fast kocht, dann den Topf vom Herd nehmen. Füge jetzt den Saft (eventuell auch die geriebene Schale) von zwei Zitronen hinzu.

Schritt 5

Lass den Sirup abkühlen und fülle ihn in eine sterilisierte Glasflasche. Bewahre ihn im Kühlschrank auf und genieße deinen selbst gemachten Sirup!

Pass auf, dass du nicht den Zwerg-Holunder oder Attich pflückst. Er ist giftig, aber zum Glück eher selten. Der echte Holunder hat Blütendolden mit dicht zusammenstehenden kleinen Blüten. Du bist dir unsicher? Dann schau dir zunächst ein Foto an.

Flaschen und Gefäße sterilisieren

Schritt 1

Fülle einen großen Topf mit Wasser, und lass es aufkochen. Du kannst eventuell noch 5 EL Soda (Putzmittelsoda oder Natriumcarbonat, erhältlich im Drogeriemarkt) hinzugeben, dann gründlich umrühren.

Schritt 2

Lege die sauberen Flaschen, Gläser oder Behälter in den Topf, sie müssen mit Wasser bedeckt sein. Lass alles 20 Minuten kochen.

Schritt 3

Spüle das Glas gründlich mit möglichst heißem Wasser ab – besonders wenn du Soda verwendet hast. Berühre die Gefäße nicht mehr an ihrer Innenseite. Falls du kein Soda verwendest, kannst du diesen Schritt auch überspringen.

Schritt 4

Stelle die Gefäße zum Abtropfen kopfüber auf ein Geschirrtuch. Jetzt sind sie fertig, und du kannst sie befüllen.

Tipps für Variationen

Wenn du den Zitronensaft hinzufügst, kannst du auch noch Minze- oder Rosenblätter für einen besonders feinen Geschmack beimischen. Oder versuche mal einen Hugo: Holunderblütensirup, Prosecco, Mineralwasser, eine Limonenscheibe und Minzeblättchen. Yummie!

STERILISIEREN
Gläser und Flaschen zu sterilisieren ist vielleicht etwas öde, aber du ersparst dir damit einige Enttäuschungen (das heißt: Schimmel, Ekel und Frust). Merke dir genau, wie es geht, denn du wirst es noch öfter für andere Leckereien in diesem Buch brauchen!

SO
MM
ER

BLUMEN TROCKNEN

Trockenblumen haben ihr muffiges 70er-Jahre-Image schon lange abgeschüttelt und liegen wieder im Trend. Und das ist gut so. Mit dem Trocknen verlängert man die »Blütezeit« einer Blume enorm. Trockenblumen sind somit nachhaltig und verhältnismäßig günstig. Besonders, wenn man sie selbst sät (siehe Seite 8). Bist du nicht so sehr der Typ fürs Säen? Dann trockne geeignete Blumen aus einem frischen Strauß. Lege dir eine Sammlung zu, und du hast nach einiger Zeit ausreichend Material für einen Trockenblumenstrauß oder Blumenkranz (siehe Seite 82).

Blumen trocknen

MATERIAL ZUM PRESSEN

- Blumenpresse oder einen dicken Bücherstapel
- Kartonpapier und ein Löschblatt, Zeitungspapier oder Küchenrolle
- Blumen und Blätter zum Trocknen

MATERIAL ZUM 3-D-TROCKNEN

- Einen dunklen, trockenen Ort
- Blumen und Blätter zum Trocknen
- Einen Trockenständer *(gekauft oder selbst gemacht aus einem Stock aus dem Wald)*
- Nägel
- Büroklammern oder Haken
- Oder: 1 Schnur, 2 Nägel und Wäscheklammern

Nahezu jede Blume sieht getrocknet schön aus. Pflücke die Blume, wenn sie aufblüht, du wirst sehen, beim Trocknen öffnet sie sich noch ein wenig mehr. Blumen, die bereits voll aufgeblüht sind, können beim Trocknen ihre Blätter verlieren.

Pressen – für einzelne Blätter und Blumen

Stelle dir eine Sammlung mit hübschen Blumen und Blättern zusammen und lege sie in eine Blumenpresse oder zwischen die Seiten eines dicken Buches. Lege die Blumen zwischen Kartonpapier und ein Löschblatt, Zeitungspapier oder Küchenrolle, damit die Feuchtigkeit gut aufgenommen wird. Jetzt mit einem Bücherstapel beschweren. Vergiss einfach, in welches Buch du die Blumen gelegt hast, damit du Jahre später beim Lesen von den getrockneten Prachtexemplaren überrascht wirst!

3-D-Trocknen – damit die Blume ihre Form behält

Suche dir einen trockenen und dunklen Raum in deinem Zuhause aus. Spanne eine Schnur zwischen zwei Nägeln an der Wand und hänge mit Wäscheklammern deine Blumen daran auf. Möchtest du einen echten Hingucker in deinem Heim haben, dann nimm einen Ast aus dem Wald. Befestige an beiden Seiten ein Stück Schnur und lass den Ast von der Decke herunterhängen, oder lege ihn einfach auf zwei Nägel in der Wand. Deine Trockensträuße kannst du nun mit einer dekorativen Kordel an dem Ast befestigen. Oder du biegst zwei Büroklammern auf, die du als Haken für einzelne Blumen verwendest.

Herbarium

Pflücke zu besonderen Anlässen eine Blume oder ein Blatt. Gut trocknen und mit Washitape in ein schönes Heft einkleben. Schreibe in einer verschnörkelten Handschrift den lateinischen Namen darunter, und du hast den Anfang für ein Herbarium gemacht.

Tee

– Kamille, Zitronenmelisse, Lindenblütenblätter, Minze, Holunderblüten

Lege dir im Sommer einen Vorrat an selbst gemachten Tees für lange Winterabende zu. Pflücke zum Beispiel einen Strauß Kamille und trockne ihn zwei Wochen kopfüber an einem kühlen, dunklen Ort. Zupfe die Blüten von den Stängeln und bewahre sie in einem Schraubglas auf. Für eine große Tasse Tee brauchst du ungefähr einen Esslöffel getrocknete Blüten.

PFLANZEN-DRUCKE

Stoffe mit Pflanzen bedrucken, die du einfach überall pflücken
kannst, auf Sachen, die du einfach im Haus hast: Das ist magisch!
Ich kann mich noch gut an das faszinierende Gefühl erinnern,
als ich beim Fotoentwickeln in der Dunkelkammer die ersten
verschwommenen Konturen sah. Heute schaue ich vollkommen
gefesselt zu, wie die Pflanzendrucke auf dem Stoff erscheinen.
Mich macht das enorm glücklich, ich hoffe, dich auch!

»Das Drucken ist ein magischer Prozess.«

An einem sonnigen Morgen besuche ich Carla van Belle in ihrem Garten. Eine Oase der Ruhe! Überall in ihrem Garten wachsen Blumen und Pflanzen, die Carla für ihre Pflanzendrucke verwendet. Ein Einmachkocher steht versteckt neben einem Eimer mit zersägten Besenstielen. Ihre Kreationen im Kimonostil auf den Schaufensterpuppen fallen sofort ins Auge. Sie entwirft und bedruckt alles selbst.

Was gefällt dir so sehr am Pflanzendruck?

»Es ist ein magischer Prozess. Du weißt vorher nie genau, was dabei herauskommt. Du kannst Blätter zeichnen oder malen, aber beim Pflanzendruck erscheint die echte Natur. Wie ein kleines Geschenk und immer wieder eine Überraschung. Zum Pflanzendruck gehört so viel: das Überlegen, Pläne machen, kreativ und technisch sauber arbeiten, abwarten und schließlich das Ergebnis genießen. Anfangs sieht es noch etwas nass und dunkel aus, und die Farben sind schlecht zu erkennen. Aber wenn ich dann die Blätter vom Stoff nehme und sich langsam scharfe Konturen und prächtige Farben abzeichnen, dann kann ich spüren, wie die Energie in mir fließt. Deshalb liebe ich Pflanzendrucke!«

Wann hast du besonders viel Lust aufs Pflanzendrucken?

»Wenn ich etwas ausprobieren will oder wenn ich eine Idee oder ein Ziel habe. Immer nur dasselbe zu machen finde ich langweilig, ich möchte gerne neue Akzente setzen. Wenn das Wetter schön ist und ich frei habe, dann bin ich so gut wie täglich am Drucken.«

Welche Pflanzen und Blüten sind beim Pflanzendruck deine Lieblinge?

»Die Pflanzen hier im Garten. Einige von ihnen habe ich extra dafür angepflanzt. Walnuss, Geranie, Rosen, Eukalyptus, Essigbaum, Frauenmantel, Farn, Himbeere. Ich mag auch die Brombeere, den Trompetenbaum und Gerbera. Sie sehen besonders schön auf Leder aus.«

Hast du auch mal einen Misserfolg?

»Manchmal ist das Ergebnis schön und manchmal ist es besonders schön. Ich habe gelernt, dass eigentlich nichts misslingen kann: Es ist, was es ist! Sogenannte Misserfolge können manchmal deine größten

»Beim Pflanzendruck erscheint die echte Natur.«

Erfolge sein. Es ist sowieso besser, sich darauf einzulassen, dass das Ergebnis vollkommen anders aussehen kann als erwartet.«

Worauf bist du besonders stolz?

»Ich freue mich immer wieder über meine Pflanzendrucke auf Leder. Sie haben eine dreidimensionale Wirkung und sehen verblüffend echt aus – als könnte man sie einfach vom Leder pflücken. Du siehst den Schatten, die Adern und den Stiel. Das ist wirklich wunderschön.«

Wie fängt man mit dem Pflanzendrucken an?

»Fang mit Blättern an, die Tannine enthalten, wie die Eiche, Walnuss, Rose und Geranie. Die Tannine im Blatt reagieren mit dem Eisensulfat in dem rostigen Wasser, das du hierzu verwendest und das wiederum den grau-schwarzen Druck ergibt. Und lass dich nicht vom Drucken abhalten, wenn du in der Stadt wohnst. Es gibt überall Bäume.« ◆

Biografie

NAME: Carla van Belle
SIE MACHT: Pflanzendrucke auf Stoff oder Leder für Slow-Fashion-Produkte, Accessoires und Inneneinrichtungen
SIE MAG: Frühlingsgrün und Sommerobst
SLOW-LIFE-TIPP: Nimm dir Zeit für Pläne bei einer Tasse Tee und einem gesunden Snack!
ZU FINDEN UNTER: www.carlavanbelle.com

Drucken mit Pflanzen

- -

WANN?

Bei schönem, windstillem Wetter.

Draußen ist der beste Ort für den Pflanzendruck – es kann nämlich ziemlich viel Unordnung entstehen.

DU BRAUCHST

- 2 Müllsäcke
- Altes Handtuch
- 1 Glas Essiggurken *(für die Säure)*
- 10 ml rostiges Wasser *(ein paar Eisennägel einige Zeit in ein Gefäß mit Wasser legen)*
- Schüssel
- Glatter, runder Stock *(z. B. ein Stück eines Besenstiels)*
- Stoffbinde oder Blumendraht zum Wickeln
- Frische Blätter und Blüten, mit Achtsamkeit für die Pflanze gepflückt *(nicht mehr als 10 % der Pflanze)*
- Topf
- Seidenstoff oder -schal *(Baumwolle und Wolle funktionieren auch, aber weniger gut)*
- Einweghandschuhe, zum Schutz der Hände

Was musst du tun?

Schritt 1

Breite einen aufgeschnittenen Müllsack auf einem langen Tisch aus und achte darauf, dass er nicht wegweht. Lege den Seidenschal darauf.

Schritt 2

Vermische in einer Schüssel das Essiggurkenwasser mit dem Rostwasser im Verhältnis 10:1. Du kannst dich an diesem Verhältnis orientieren. Fang mit 100 ml Essiggurkenwasser und 10 ml Rostwasser an. Wird der Abdruck zu hell, dann musst du mehr Rostwasser hinzufügen. Wird der Abdruck zu dunkel, dann musst du weniger Rostwasser nehmen.

Schritt 3

Ziehe Handschuhe an. Tauche ein Blatt in die Essig-Rostwasser-Mischung, und streiche es vorsichtig auf einem Handtuch ab. Lege das Blatt jetzt auf den Seidenschal. Mach so weiter, bis du mit dem Muster auf deinem Schal zufrieden bist.

Schritt 4

Wenn der Schal schön belegt ist, legst du den zweiten Müllsack über den Schal mit den Blättern. Falte die Müllsäcke mit dem Schal jetzt längs in der Mitte zusammen, damit alles so breit ist wie dein Stock lang.

Schritt 5

Lege den Stock ans Ende von deinem Müllsackpaket und rolle alles von unten möglichst stramm auf. Du kannst ruhig etwas Kraft aufwenden.

Schritt 6

Wenn du alles ganz fest auf den Stock aufgewickelt hast, musst du alles noch mal stramm mit einer Stoffbinde umwickeln. Je fester du wickelst, desto stärker wird der Abdruck. Wenn du mit dem Wickeln fertig bist, knotest du die Binde fest. Jetzt braucht dein Bündel ein warmes Bad.

Schritt 7

Bringe Wasser in einem Topf zum Kochen und lege das Bündel für 90 Minuten ins Wasser ein. Du kannst hierfür auch einen Weckkessel oder einen Einmachtopf verwenden.

Schritt 8

Nach 90 Minuten ist es endlich so weit, und du darfst dein Bündel aus-packen! Aber pass auf, denn es ist heiß! Lass dein Bündel abkühlen und wickle die Stoffbinde ab. Jetzt ist der Moment gekommen: Du darfst den Müllsack öffnen, die Blätter vorsichtig vom Stoff abnehmen und das magische Ergebnis bestaunen.

LAVENDELÖL

Die Sonne scheint. Du gehst über einen Sandweg in einem Land, das durchaus Frankreich sein könnte. In der Ferne hörst du das Zirpen der Grillen, und eine leichte Brise weht dir durchs Haar. Der Duft der lila Lavendelfelder um dich herum strömt tief in deine Lungen. Während du leise *La vie en rose* summst, pflückst du einen großen Strauß Lavendel, den du in den Armen vor der Brust trägst, wie ein frisch geborenes Baby. Zu Hause machst du daraus ein wunderbar beruhigendes Massage- oder Badeöl.

Lavendelöl herstellen

WANN?
In der Blütezeit des Lavendels:
von Juni bis September

DU BRAUCHST
- Lavendelblüten, eine gute
  Handvoll
- Sterilisierte Glasgefäße
- Pflanzenöl, möglichst bio-
  logisch. Du kannst ganz ver-
  schiedene Ölsorten nehmen.
  Je geringer der Eigengeruch
  des Öls (z. B. Mandelöl oder
  Sonnenblumenöl), desto
  besser riecht dein Lavendelöl.
- Stofftuch
- Sterilisierte, verschließbare
  und am besten dunkle Glas-
  flasche
- Kleines Sieb
- Kaffeefilter, Passiertuch oder
  dünnes Geschirrtuch

Was musst du tun?

Schritt 1
Schneide die Zweige von dem fast verblühten Lavendelstrauch und lass
sie, falls nötig, trocknen. Du kannst auch blühende Lavendelzweige
nehmen, die du dann drei bis vier Tage trocknen lässt, bevor du sie verwendest.

Schritt 2
Streiche die lila Blüten von den Zweigen und bewahre sie in einem sauberen Schraubglas auf. Reibe die Blüten vorher kurz zwischen den Fingern,
damit ihr Duft sich entwickelt. Oder zerdrücke sie leicht in einem Mörser
oder mit einem Stein.

Schritt 3
Gieße so viel Öl über die Blüten, bis sie bedeckt sind. Kurz schütteln, damit
auch alle Blüten durchtränkt werden. Lege ein Stofftuch auf das Gefäß,
bevor du es zuschraubst, damit eventuell vorhandene Feuchtigkeit aufgenommen werden kann.

Schritt 4
Stelle das Gefäß an einen warmen, sonnigen Ort, zum Beispiel auf eine
Fensterbank. Dort bleibt es jetzt drei bis vier Wochen stehen. Vergiss nicht,
das Glas ab und zu mal zu schütteln.

Schritt 5
Duftet es schon gut? Dann gieße den Inhalt durch ein Sieb. Sollten sich
noch Blütenpartikel im Öl befinden, kannst du es nochmals durch einen
Kaffeefilter oder ein dünnes Geschirrtuch sieben. Du hast beim Öffnen des
Glases noch nicht viel gerochen? Dann siebe die Blüten heraus, gib neue
Blüten in dasselbe Öl, und warte nochmals drei Wochen.

BLUMEN-
KRANZ

Jeden Tag schaue ich mir meinen imposanten Blumenkranz an, der dekorativ über meiner Anrichte hängt. Mit einer Wilden Artischocke und Rittersporn aus einem Geburtstagsstrauß, Lampionblumen aus dem eigenen Garten und Strandastern, die ich selbst gesät habe. Ich erinnere mich noch genau an meinen Angstschweiß, als mir beim Binden des Kranzes ein Zweig der Strandaster brach, und an das stolze Gefühl, als der Kranz schließlich prunkvoll von der Decke hing. In Schweden und Norwegen nennt man sie Blomsterkrans. Applaus für diese grünen, fast architektonischen Meisterwerke!

Aufblühende grüne Finger

Ob ich sie lieber in Amsterdam oder in ihrem Haus in der Veluwe besuchen möchte? Ich musste nicht lange überlegen, als mich Judith *(von Tuin van Judith)* das fragte. Auf meiner Fahrt über weite, schattige Alleen lasse ich die bewohnte Welt immer weiter hinter mir. Über einen Sandweg erreiche ich schließlich Judiths Holzhaus. Sofort ist klar, hier lebt jemand mit einer großen Leidenschaft für die Natur. Wo ich auch hinschaue, sehe ich Blumen, Gartenbücher, Blumenpressen und Kränze. Judith entwirft fantastische Blumenkunstwerke, ausgefallen und fragil.

Wie bist du dazu gekommen?

»Als Kind habe ich wie meine Mutter schöne Blätter und Blumen gesammelt, krumme Stöcke und interessante Sachen. Damit fing eigentlich alles an. Aus jedem Buch, das ich von meiner Mutter geerbt habe, fallen Blätter oder Blumen heraus. Inzwischen füllen sie mehrere Kartons. Ich habe nie wirklich etwas damit gemacht. Bis ich anfing, getrocknete Blumen einzurahmen, und begeisterte Reaktionen erhielt. Erst da wurde mir bewusst, dass ich sie auch verkaufen könnte. Inzwischen habe ich Ausstellungen und nehme Auftragsarbeiten an. Und ich gestalte Gärten.«

Hast du eine Lieblingsblume oder -pflanze, mit der du gerne arbeitest?

»Eingerahmt hinter Glas mag ich gepresstes Unkraut sehr, es sieht so bizarr aus. Ich liebe ungewöhnliche Pflanzen mit komischen Krümmungen und Verschlingungen. Schirmblütler sind auch meine Lieblinge. Zum 3-D-Trocknen nehme ich gerne Ranunkeln und Pfingstrosen, wegen der gefüllten Blüten. Manchmal tüftele ich ewig an einem Kranz mit frischen Blumen herum. Irgendwann sehen die Blumen dann richtig mitgenommen aus, nach

> *»Ich liebe ungewöhnliches Unkraut mit komischen Krümmungen und Verschlingungen.«*

dem Motto: ›Lass mich doch in Ruhe!‹ Die Arbeit kann manchmal sehr intensiv sein, aber sie schenkt mir immer Erfüllung. Wenn ich den ganzen Winter über mit meinen Trockenblumen herumexperimentiert habe, finde ich es wunderbar, wieder mit dem Spaten in meinem Garten loslegen zu können.

Tipps

Gehe doch mal auf die Suche nach ungewöhnlichem Unkraut, das kann sehr spannend sein. Es macht deine Kreationen lebendiger. Gerade in der Stadt gibt es Unmengen Unkraut auf ungenutzten Brachen. Pflücke aber nicht zu viel ab, damit die Pflanze weiterwachsen kann.

Und mir gefällt es, Blumen ein zweites Leben schenken zu können, sie sind einfach zu schön, um gleich nach dem Verblühen weggeworfen zu werden. Letztens hatte ich meinen Vorrat an Trockenblumen komplett verbraucht und musste in einem Großhandel Nachschub besorgen. Dort standen diese gebleichten und gefärbten Trockenblumen – ein Trend, der mich richtig traurig macht. Dieser Ramsch ist nicht gut für die Natur, da ist das normale Blumentrocknen doch was ganz anderes.«

Du wohnst zum Teil in der Stadt und zum Teil in den Wäldern.

»Das passt genau, *the best of both worlds*. Ich brauche die Stadt, das Quirlige, Märkte, Freund:innen. Aber die Abwechslung tut gut. Wenn ich zu lange in der Stadt bin, werde ich unruhig. Ich freue mich dann riesig darauf, wieder im Wald sein zu können, kann vor Aufregung kaum schlafen und frage mich: Wie sieht wohl mein Garten aus? Was ist dort alles passiert?« ◆

Biografie

NAME: Judith de Vries
SIE MACHT: Kunst aus der Natur, Sträuße, Installationen, Entwürfe für Gartenmagazine und Bepflanzungspläne
SIE MAG: Draußen in ihrem Garten mit Blumen und Pflanzen beschäftigt sein
SLOW-LIFE-TIPP: Versuche, regelmäßig draußen in der Natur zu sein, das sind kleine Fluchten aus deinem Tagesprogramm. Es hilft, alles ein wenig zu relativieren und mit geklärtem Blick zu betrachten.
ZU FINDEN UNTER: @tuinvanjudith und tuinvanjudith.wordpress.com

Einen Blumenkranz machen

WANN?

Das ganze Jahr über. Besonders schön: Mit einem Blumenkranz der Saison holst du dir die Jahreszeit ins Haus.

DU BRAUCHST

- Eine kreisförmige Basis. Du kannst sie fertig kaufen oder auch selbst machen. Aus stabilem Blumendraht, frischen Weidenzweigen oder Gräsern, die du zu einem Kreis zusammenbindest. Oder einen Reif, wenn du es richtig groß magst.
- Stabiler Blumendraht
- Gartenschere
- Kleine Zange
- Pflanzenmaterial. Du kannst alles verwenden, frisch oder getrocknet. Achte bei frischen Blumen / Zweigen darauf, dass sie schön trocknen. Willst du lieber kein Risiko eingehen, dann nimm Material, das du bereits getrocknet hast.
- Schöne Kordel, zum Beispiel aus Naturfasern

Was musst du tun?

Überlege, ob du deinen Kreis komplett bestücken möchtest oder nur einen Teil. Soll der Kranz symmetrisch sein oder lieber chaotisch?

- **Der Eyecatcher:** Bei diesem Kranz beginnst du mit einer großen prominenten Blüte, auf die sich alles konzentriert, zum Beispiel eine Artischocke, Bärenklau oder Hortensie. Mit Blumendraht befestigst du den Eyecatcher dort, wo du ihn haben möchtest (in der Mitte unten, wenn du es symmetrisch magst, oder etwas höher, wenn es asymmetrisch sein soll). Von hier aus bewegst du dich über eine Seite nach oben. Mach kleine Sträuße und halte sie probehalber an den Kranz. Du kannst sie zuvor mit Blumendraht zusammenbinden, dann fallen sie beim Befestigen nicht auseinander. Gefällt es dir? Dann leg den Strauß auf den Kranz und umwickle ihn mit Blumendraht – etwas höher, als du ihn haben möchtest. Schieb jetzt den kleinen Strauß etwas näher zu deinem Eyecatcher. Mach so weiter, bis du eine Seite bestückt hast, dann ist die andere Seite dran. Mit der Kordel kannst du den Blumendraht etwas überdecken. Eine spannende Wirkung hat auch eine frei gelassene Stelle an deinem Kranz.
- **Merry go round:** Bei dieser Variante beginnst du an einem Punkt und arbeitest dich von dort in einer Richtung weiter vor, bis du wieder am Anfang angekommen bist. Weil du diesmal den ganzen Kranz bestückst, kannst du für etwas Spannung ruhig unordentlicher arbeiten und abstehende Blüten oder Zweige stehen lassen. Oder du lässt doch einen Teil vom Kranz frei. Du kannst aber auch mit dem Volumen spielen. Fang dünn an, lass es dicker werden und ende wieder dünner.
- **Ombré:** Dieser Kranz ist etwas schwieriger, weil die Farben ineinander übergehen. Schaue dir dein Pflanzenmaterial an und überlege dir eine schöne Reihenfolge. Lass dich vom Regenbogen inspirieren und bewege dich zum Beispiel von Gelb zu Orange, Rot, Violett und Blau. Oder du orientierst dich an Naturtönen, fängst mit Weiß an, gehst dann zu Gelb über, dann Hellgrün, Dunkelgrün, bis du bei Braun ankommst.

»Blumen sind
einfach zu schön
zum Wegwerfen.«

NATUR-KOSMETIK

Es gibt unzählige Schönheitsprodukte in den Geschäften. Und wenn du versuchst, die Inhaltsstoffe zu verstehen, wirst du ohne entsprechende Kenntnis kaum herausfinden, was du dir da auf die Haut schmierst. Deshalb ist es durchaus ratsam, öfter mal zu selbst gemachter Naturkosmetik zu greifen, dann weißt du, was drin ist. Blüten und Kräuter bewusst wegen ihrer heilsamen Wirkung zu verwenden, hat den schönen Zusatzeffekt, dass dein Respekt vor der Natur enorm wächst.

Shoppen in der Natur

Susette Brander, alias Crêpe Susette, ist das lebendige Beispiel dafür, dass Pflanzenkenner:innen nicht unbedingt alte Menschen mit krummen Rücken und Stock sein müssen. In einem rosa Kleid im Vintagestil und Sneakern begrüßt sie mich vor ihrem Atelier im angesagten Eindhoven. Susette nennt sich Köchin für Haut & Haare und kennt sich perfekt mit Naturprodukten für die Körperpflege aus. In einem renovierten Industriegebäude zeigt sie mir, wie man Lippenbalsam macht, und wir unterhalten uns intensiv über Naturkosmetik.

Wie bist du dazu gekommen, Naturkosmetik herzustellen?

»Als Kind habe ich am liebsten den ganzen Tag im Garten meiner Eltern am Waldrand verbracht. Der Garten war für mich eine Art Supermarkt. Mich hat das fasziniert: sich sein Essen einfach vom Strauch pflücken zu können oder aus dem Boden zu rupfen. Ich habe dort aber auch Blumen gepflückt, wie zum Beispiel die Kamille. Sie war, glaube ich, meine erste Naturkosmetik, Kamille für ein Dampfbad.«

Was gefällt dir so sehr daran?

»Mich faszinieren vor allem die Kraft und die Vielseitigkeit der Natur, kombiniert mit DIY. Nachhaltigkeit und der Fähigkeit, sich selbst versorgen zu können. Mir gefällt eigentlich jeder einzelne Schritt. Ein Kraut pflücken, schauen, welche Wirkungen und Eigenschaften es hat, und wie man es verarbeiten kann. Ein Rezept entwickeln. Aber auch die Weitergabe von Inspiration, Wissen und Erfahrung. Die Natur ist nicht nur ein grandioser Supermarkt, sie ist auch eine Art Schönheitssalon. Und zudem eine riesige Apotheke.«

»Pflege deine Haut von innen und von außen.«

Was erstaunt dich am meisten?

»*Greenwashing.* Dass Begriffe wie ›grün‹, ›bewusst‹ und ›nachhaltig‹ von den Unternehmen als PR-Methode eingesetzt werden, weil es gerade im Trend ist. Mich regt das wirklich auf. Eine schöne Verpackung soll dann von bedenklichen Inhaltsstoffen ablenken. Aber es ist ja auch mein Hobby, mir die Inhaltsstoffe genauer anzusehen, und ich verstehe schon, dass nicht jeder Lust darauf hat oder auch einfach nicht über das Wissen

verfügt. Doch als Konsument:in hat man Macht: Bitte um Informationen und setze dein neues Wissen für eine bewusste Wahl ein, jeden Tag aufs Neue. Triff deine Wahl mit Respekt für Flora und Fauna.«

Wie fühlst du dich, wenn du hiermit beschäftigt bist?

»Glücklich! Ich gehe fast jeden Tag kurz in den Wald und schaue immer wieder in meine Bibel: *Das große Handbuch der Heilpflanzen* von Geert Verhelst. Letztens musste ich das Buch kleben, weil es vom vielen Blättern auseinanderfiel. Für mich ist die Herstellung von Cremes, Tinkturen, Tees und solchen Dingen wie Kochen für Haut und Haare. Pflege von innen und von außen. Die Haut ist dein größtes Organ. Was du dir auf die Haut schmierst, gelangt zum Teil in deine Organe. Eigentlich ernährst du deine Haut mit Kosmetikprodukten, wie zum Beispiel einer Gesichtscreme. Deshalb nenn ich mich auch Köchin für Haut & Haare. Jetzt brauche ich nur noch eine passende Kochmütze!« ◆

Biografie

NAME: Susette Brabander
SIE MACHT: Skin & Hair Food
SIE MAG: Wildcampen, Wildpflücken, Outdoor-Sport und eine schöne Sobremesa: nach dem gemeinsamen Essen Zeit zum Entspannen und Plaudern mit ihren Freund:innen und Lieben
SLOW-LIFE-TIPP: Waldwanderung bei Vollmond, Nacktschwimmen, und erst riechen, dann probieren
ZU FINDEN UNTER: www.skinhairfood.com @crepe_susette und in dem Buch *Culinaire cosmetica*. Skin & Hair Food ist ein Online-Shop für die Pflege von Haut und Haar mit Naturprodukten, von innen und von außen.

Lippenbalsam aus Ringelblumen

WANN?
Im Sommer Blumen pflücken und trocknen und übers Jahr einen Sud daraus machen.

DU BRAUCHST
- Kalt gepresstes Bio-Öl *(Sonnenblumen-, Mandel-, Jojoba- oder Traubenkernöl)*
- Trockene Blütenblätter von der Ringelblume *(um ein Gefäß zu ¾ damit füllen zu können)*
- Ein sterilisiertes Glasgefäß mit Deckel
- Passiertuch oder sauberes, dünnes Geschirrtuch, Stofftuch
- Sterilisiertes Gefäß oder Flasche aus dunklem Glas zum Aufbewahren des Öls
- Feuerfeste Schüssel und Topf
- ½ EL Candelillawachs
- 3 EL Candelillaöl
- 1,5 EL Sheabutter
- Ätherische Öle *(Pfefferminz, Lavendel, Rose oder Mandarine – Beipackzettel immer gründlich lesen!)*
- Döschen für Lippenbalsam

Sanfte Kusslippen sind einfach schön! Deshalb machen wir einen super tollen Lippenbalsam aus Ringelblumen, die wir zunächst selbst gesät, gepflegt und geerntet haben (war nur ein Witz, kaufen geht natürlich auch!). Ringelblumen – oder auch *Calendula officinalis* – haben viele gute Eigenschaften, sie machen die Haut geschmeidig, fördern die Wundheilung und hemmen Entzündungen. Die Sheabutter, die wir in diesem Rezept verwenden, macht die Haut zart und weich und schützt sie vor dem Austrocknen. Dazu kommt noch das Candelillawachs: eine prima vegane Alternative zu Bienenwachs. Es speichert Feuchtigkeit und pflegt die Haut. Zudem hat es festigende Eigenschaften für den Lippenbalsam.

Was musst du tun?

Schritt 1
Zunächst müssen wir das Calendulaöl durch ein sogenanntes Mazerat herstellen – klingt nicht schlecht, oder? Durch Mazerieren löst man Inhaltsstoffe aus Pflanzen heraus. Wir verwenden einen Kaltauszug, dafür müssen wir die Ringelblumen in Öl ziehen lassen.

Schritt 2
Fülle ein sterilisiertes Glasgefäß zu drei Vierteln mit Ringelblumenblüten, gieße anschließend Öl darauf, bis alle Blütenblätter bedeckt sind. Deckel drauf, Stofftuch dazwischen (zur Feuchtigkeitsaufnahme), kurz durchschütteln und drei Wochen an einen warmen, hellen Ort stellen. Täglich etwas Liebe geben, indem du es schüttelst.

Schritt 3
Sind die drei Wochen vorüber? Dann darfst du das Öl durchsieben und in ein dunkles, sterilisiertes Gefäß umfüllen. Beschrifte mit all deinen kalligraphischen Künsten ein Etikett mit »Calendula Mazerat« und Datum.

»Mich faszinieren
die Kraft und die
Vielseitigkeit der Natur.«

Schritt 4

Jetzt erwärmen wir das Candelillawachs in einer Bain-Marie (Wasserbad). Fülle dafür das Wachs in eine feuerfeste Schüssel und lass es auf niedriger Temperatur im Wasserbad schmelzen. Sobald das Wachs geschmolzen ist, fügst du das Calendulamazerat und die Sheabutter hinzu. Kräftig rühren, damit alles flüssig wird, dann sofort vom Herd nehmen.

Schritt 5

Lass die Mischung auf ungefähr 40 °C abkühlen, also ungefähr so warm wie dein Duschwasser. Füge nun ein paar Tropfen von dem ätherischen Öl hinzu. Lass die Mischung nicht zu stark abkühlen, denn wenn sie fest wird, kannst du sie nicht mehr in die Döschen abfüllen.

Schritt 6

Fülle die Mischung nun in das Döschen und lass sie darin fertig abkühlen. Du wirst sehen, dass sie langsam fest wird. Schließe das Döschen erst, wenn der Balsam vollständig abgekühlt ist. Kühl aufbewahren, dann kannst du ein halbes Jahr deinen Lippenbalsam genießen.

Variationstipp

Anstatt Ringelblumen kannst du auch viele andere Blumen oder Kräuter verwenden, wie Lavendel *(Lavendula officinalis)*, Rosen *(Rosa damascena)*, Rosmarin *(Rosmarinus officinalis)*, Wildes Stiefmütterchen *(Viola tricolor)*, Brennnessel *(Urtica dioica)* oder Pfefferminze *(Mentha x piperita)*. Du kannst deinem Balsam auch einen natürlichen Farbton geben, indem du zum Beispiel etwas Zimt oder Kakaopulver hinzugibst.

Lieblingszutaten von Crêpe Susette

- **Hyaluronsäure: ein natürlicher Bestandteil des Bindegewebes, der die Fähigkeit besitzt, große Mengen Wasser zu binden. Hyaluronsäure ist für den Feuchtigkeitsgehalt der Haut verantwortlich und macht sie straff und glatt.**
- **Moringaöl: kalt gepresst aus dem Samen des Moringabaumes. Es versorgt die Haut mit Feuchtigkeit und hilft gegen Falten, weil es sehr viele Antioxidantien enthält und schnell in die Haut einzieht.**
- **Rosenwasser: die Königin des Blütenwassers, destilliert aus Rosenblütenblättern der *Rosa damascena*. Reinigt, hydriert, beruhigt und strafft.**
- **Reinigende Pflanzen wie zum Beispiel die Brennnessel, Löwenzahn und die Mariendistel.**
- **Anti-Aging-Pflanzen wie Indischer Wassernabel, Teepflanzen, Spirulina (Blaualge).**

SMUDGE STICKS

Was für ein Stock? Ein Smudge Stick. Ein Smudge oder Sage Stick ist ein Bündel mit getrockneten Kräutern, die – wenn man sie angezündet hat – einen wohltuenden Geruch verbreiten. Räucherbündel werden schon seit Jahrhunderten eingesetzt, ihr Rauch soll negative Energien aus einem Raum vertreiben. Egal, ob du daran glaubst oder nicht, gut riechen wird es bei dir danach ganz bestimmt.

Smudge Sticks machen

WANN?

Wenn die Blumen in voller Blüte stehen, also im Sommer. Probiere verschiedene Kombinationen aus, und stelle dir einen Vorrat mit deinen Lieblingen für die lange Winterzeit zusammen.

DU BRAUCHST

- Salbei
- Blumen und Kräuter, deren Duft du magst
- Dünne Kordel aus Baumwolle oder Naturfasern
- Feuerfeste Schale zum Ablegen deines Sticks nach dem Anzünden *(traditionell verwendet man in Neuseeland zum Abbrennen eine Abalone Muschel, falls du also noch irgendwo eine haben solltest …)*
- Feuer

Was musst du tun?

Schritt 1

Sammle ein dickes Bündel Salbei. Lege die Zweige und Blätter schön in eine Richtung und ergänze das Bündel mit weiteren Kräutern und Blumen, deren Duft du magst. Ich verwende gern Rosmarin, Kornblume, Lavendel, Rosen und Kamille. Du kannst aber auch einmal Thymian, Ringelblume, Oregano, Tannennadeln, Pfefferminze, Scharfgarbe, Zitronenmelisse, Zedernblatt, Eukalyptus und Beifuß ausprobieren.

Schritt 2

Nimm dein Bündel mit den frischen Blättern und Ästchen in eine Hand und binde es unten fest zusammen. Lass ein großes Stück von der Kordel hängen. Wickle danach die Kordel immer weiter hoch um das Bündel herum und achte darauf, dass alle Blätter und Blumen in groben Abständen umwickelt werden. Falls nötig, falte die Bündelspitzen oben einmal um, wickle dann wieder nach unten und knote die Kordel fest.

Schritt 3

Jetzt heißt es warten. Lass dein Bündel an einem dunklen, trockenen Ort ein bis zwei Wochen gut trocknen, bis es bei Berührung krümelt.

Schritt 4

Wenn sich dein Bündel korktrocken anfühlt, darfst du zündeln. Zünde die Spitze deines Sticks an. Lass das Bündel zwanzig Sekunden brennen und blase es dann vorsichtig aus. Bewege dich nun damit durch den Raum, um den Rauch zu verteilen. Öffne das Fenster oder die Tür, damit eventuelle Geister, böse Entitäten, Bakterien – oder die Katze – entweichen können. Lass deinen Stick weiter in einer feuerfesten Schale glimmen, und fächele ihm ab und zu etwas Luft zu, damit Rauch entsteht. Es versteht sich von selbst, dass du einen Smudge Stick immer im Auge behalten musst, oder?

Schritt 5

Halte inne: Wie fühlst du dich jetzt in dem gereinigten Raum?

CHUTNEYS

In unserem Garten steht ein Pflaumenbaum. Pflaumen sind aber nicht wirklich mein Lieblingsobst, also was mache ich damit? Einfach ein Chutney. Chutneys kommen ursprünglich aus der indischen oder pakistanischen Küche. Süße, herzhafte oder würzige Chutneys kannst du gut aus (über-)reifen Früchten herstellen. Pflücke dafür Obst aus deinem Garten oder von einer Obstwiese, das allein ist schon eine andächtige und schöne Beschäftigung. Und zudem ist die Pflaume bekannt für ihre aphrodisierende Eigenschaft.

Chutneys

WANN?

Wenn die Früchte reif sind,
also Sommer und Herbst

DU BRAUCHST

- Obst nach Wahl *(Pflaumen, Äpfel, Birnen, Mango, Pfirsiche oder Rhabarber)*
- Topf und Herd
- Sterilisierte Gläser mit Schraubdeckel *(lieber mehrere kleine, wegen der Haltbarkeit)*
- Geschirrtuch
- Etiketten

ZUTATEN

- 1 kg Pflaumen, gewaschen, halbiert und entsteint
- 1 große Zwiebel, gewürfelt
- 1 rote Chilischote, ohne Samen
- 2 große Knoblauchzehen, gewürfelt
- 3 cm frische Ingwerwurzel, geraspelt
- 1 EL Senfsamen
- 2 TL Salz
- 250 ml Rotweinessig
- 250 g Zucker *(Basterdzucker für dunklere Chutneys, Rohrzucker für hellere Chutneys)*
- eine Handvoll Rosinen

Was musst du tun?

Schritt 1

Pflaumen, Zwiebeln, Knoblauch, Chilischote, Ingwer, Senfsamen, Rosinen und Salz in einem großen Topf mischen. Alles 30 Minuten leicht köcheln lassen, bis es weich wird und die Flüssigkeit weniger wird.

Schritt 2

Jetzt dürfen auch der Essig (erst mit der Hälfte anfangen und probieren!) und der Zucker hinzu. Lass die Mischung langsam auf kleiner Flamme einköcheln. Das kann durchaus 30 bis 45 Minuten dauern. Dabei immer schön rühren!

Schritt 3

In der Zwischenzeit kannst du die Gläser und Deckel sterilisieren (siehe Seite 61) und auf einem Geschirrtuch abtropfen lassen.

Schritt 4

Hast du auch brav gerührt? Kannst du mit einem Löffel eine Linie durch dein Chutney ziehen und diese Linie bleibt sichtbar, dann bist du fertig!

Schritt 5

Jetzt kannst du die Gläser mit dem Chutney befüllen, möglichst randvoll und dann zum Abkühlen auf den Kopf stellen. So entsteht ein Vakuum und das Chutney bleibt länger haltbar.

Schritt 6

Jetzt klebst du noch ein Etikett mit Datum auf die Gläser und stellst sie in den Kühlschrank. Durch den Essig und den Zucker hält sich dein Chutney ungefähr 6 bis 9 Monate.

Variationstipp

Versuch mal ein süßes Apfelchutney mit Zimt, Thymian, Rosinen und Calvados. Oder ein Rhabarberchutney mit Wacholderbeeren, Tomate, Chili und Rosinen.
Auch mit Nüssen oder Kräutern wie Gewürznelke, Lorbeer, Thymian und Koriander kannst du viel ausprobieren.
Wichtig ist die Grundmischung aus Essig, Zucker, Zwiebel, Knoblauch, Ingwer und Salz, damit kannst du nach Lust und Laune experimentieren und variieren!

MITTSOMMER

Es gibt nur wenige Feste, die mich richtig glücklich machen. Oft sind die Erwartungen zu hoch (Silvester), oder es gibt Stress, wegen des Essens oder der Familie (Weihnachten). Doch dann hörte ich von einem Fest, und mein Herz machte vor Freude einen Sprung. Du feierst es im kleinen Freundeskreis oder mit deiner Familie in der Natur, tanzend um einen Maibaum herum, mit einem Blumenkranz im Haar. Ich machte mich spontan auf den Weg zu meiner schwedischen Freundin Angela, um in Göteborg ein echtes Midsommar zu erleben.

MITTSOMMERFEST

WANN?

An dem Freitag, der zwischen den 19. und 25. Juni fällt

DU BRAUCHST FÜR EIN TRADITIONELLES MITTSOMMERFEST

- Eine Gruppe Menschen, die du magst
- Frische Blumen für Blumenkränze *(siehe Blumenkrone auf Seite 42)*, direkt vor Ort pflücken
- Junge Birkenbäume und Birkenzweige für den Maibaum
- Einen schönen, ruhigen Ort in der Natur
- Gutes Essen und Trinken *(in Schweden isst man zum Midsommar gerne Kartoffeln, Hering, Kaviar und Erdbeeren, dazu einen Schnaps mit Holunderblüten- oder Dillgeschmack. Der Holunderblütensirup von Seite 58 eignet sich ideal dafür)*
- Holz für ein Lagerfeuer
- Spiele für draußen *(Boules, körpergroße Seifenblasen, Badminton, Kubb)*
- Musikinstrumente

Das Mittsommerfest hat eine lange Vorgeschichte. Es begann in der Steinzeit, als unsere nordeuropäischen Vorfahr:innen mithilfe von Bauten aus Stein (aufgepasst, Stonehenge!) bestimmten, wann die Sonne ihren höchsten Stand erreicht hatte. Sie glaubten an eine besondere Heilkraft der Pflanzen zur Sommersonnwende. Und weil das Tageslicht ab der Sonnwende wieder abnahm, schützten sie sich mit Freudenfeuern gegen böse Kräfte. Zur Zeit der Wikinger:innen hat man an diesem Tag in Heilquellen gebadet, und viel später träumten Mädchen an Mittsommernacht von ihrem zukünftigen Bräutigam. Im Laufe der Zeit entwickelten verschiedene Länder ihre jeweils eigene Variante dieses Festes wie das Johannisfest in den Niederlanden und Bonfire Night in Irland.

Aber Schluss mit der Geschichtsstunde, auf geht's nach Schweden in der Gegenwart. Ich traf auf eine Welt voller idyllischer Klischees, abgerundet mit Volvos, roten Holzhäusern und barfüßigen Mädchen. In vollen Zügen habe ich die Unbeschwertheit genossen, mit der wir Blumen pflückten und Kränze daraus flochten, ganz zu schweigen von der Wikingermentalität der Männer, als sie in die Wälder zogen, um junge Birken für den Maibaum zu fällen. Ein Genuss war auch die Zeit, die sich genommen wurde, um ungezwungen zusammen zu essen, danach entspannt im Gras zu liegen und zu sehen, wie die schwedische Reserviertheit von Schnaps zu Schnaps immer mehr verschwand. Oder die Kinderlieder, die auch die Cooleren mitsangen und dabei Hand in Hand mit ihren kleinen Nichten und Neffen tanzten, als wären sie gerade einem Märchenbuch entsprungen. Mittsommer ist vor allem eine Ode an die Natur, den Wunsch nach Gemeinschaft und gemächliche Traditionen. Denn überlege doch mal, wann hast du dir mal ausgiebig Zeit genommen, um mit deinen besten Freund:innen Blumenkränze zu flechten und damit um einen selbst geschmückten Maibaum zu tanzen?

Rezept für eine XXL-Seifenblase

Für das Seifenblasen-Werkzeug benötigst du zwei Stöcke und eine 1,5 m lange Baumwollkordel. Miss 50 cm von der Kordel ab, und binde einen Stock an der Stelle fest, nach weiteren 50 cm bindest du den zweiten Stock fest. Du hast jetzt zwei Stöcke, die mit 50 cm Kordel miteinander verbunden sind, und jeweils zwei 50 cm lange Seilenden an den Stöcken. Die losen Seilenden bindest zu zusammen, zuvor musst du aber noch ein Gewicht aufreihen, zum Beispiel einen Ring, damit dein Seil sich nicht verheddert. Eigentlich machst du aus dem Seil ein Dreieck: an zwei Ecken einen Stock und an der dritten Ecke einen beweglichen Ring. Für die Seifenblasenflüssigkeit mischst du 2,5 Becher Wasser mit einem Becher Cola und einem Becher Spülmittel. Du kannst sofort loslegen, aber je länger die Mischung ruht, desto besser wird das Ergebnis.

Was musst du tun?

Ich kann mir gut vorstellen, dass es etwas ungewöhnlich für dich ist, wenn du plötzlich ein Fest aus einer anderen Kultur übernimmst. Deshalb solltest du vor allem dein ganz eigenes Fest gestalten, mit persönlichen Ritualen und Gewohnheiten. Es gibt doch nichts dagegen einzuwenden, mit seinen Freund:innen draußen zu sein, ganz ungezwungen, mit einem einfachen, aber leckeren Essen?

Organisiere also dein eigenes *Midsommar* und lade deine Freund:innen für einen Tag in die Natur ein. Jeder soll sein Lieblingsessen und Lieblingsgetränk mitbringen. Pflückt zusammen Blumen, bindet Haarkränze, und schmückt damit euch oder euren Platz in der Natur. Solltest du dich für die Hardcorevariante entscheiden, dann kannst du aus dünnen Baumstämmen einen Maibaum machen und ihn mit Blumen und Bändern schmücken. Jede Gegend hat ihren eigenen Maibaum, also lass deiner Fantasie freien Lauf und mach etwas Schönes daraus. Und wenn es dir gefällt, dabei Lieder zu singen und um den Baum herum zu tanzen (mit froschähnlichen Hüpfern, wenn es richtig schwedisch sein soll), dann mach es einfach.

Danach können Spiele im Freien gespielt werden. Wenn es anfängt zu dämmern, ist es Zeit für ein Lagerfeuer, dann können auch die Gitarren herausgeholt werden. *Kumbaya anyone?*

Die Schwed:innen lassen ein Mittsommerfest oft betrunken, nackt und mit einem nächtlichen Sprung ins kühle Nass ausklingen.

Liebesträume

In Schweden ist es Tradition, dass unverheiratete junge Männer und Frauen in der Mittsommernacht schweigend sieben verschiedene Blumen pflücken. Sie legen die Blumen unter ihr Kopfkissen und träumen dann von der Liebe ihres Lebens … Für den Fall, dass du es selbst einmal ausprobieren möchtest: Hier sind die speziellen Blumen:

- **Schafgarbe** *Achillea millefolium*
- **Margerite** *Leucanthemum vulgare*
- **Heckenrose** *Rosa canina*
- **Hornklee** *Lotus corniculatus*
- **Wiesenkerbel** *Anthriscus sylvestris*
- **Wiesenklee** *Trifolium pratense*
- **Wiesen-Lieschgras** *Phleum pratense*

HE
RB
ST

WILD-PFLÜCKEN

Allein das Wort Wildpflücken hat schon etwas Märchenhaftes. Es erinnert mich an einen Herbst in Italien – jeder Tritt auf den Berg-pfaden wird vom Knarzen meiner Bergschuhe begleitet. Ich bin auf der Suche nach Trüffeln und Pfifferlingen, in Begleitung von einem kleinen grunzenden Trüffelschwein und voller Vorfreude auf einen ultimativen Teller Pasta. Nebenbei pflücke ich noch schnell Wiesen-salbei am Wegesrand und lese Walnüsse auf.

Von der Stubenhockerin zur Wildpflückerin

Marin Leus beweist, dass man zum Wildpflücken nicht unbedingt ins Ausland fahren muss. Vor Kurzem hat sie Die WILDE SCHULE gegründet, eine Online-Schule, in der man das Wildpflücken erlernen kann. Auch in unserer Gegend gibt es einiges zu pflücken, berichtet sie. Doch Marin Leus gibt nicht nur Kurse fürs Wildpflücken, sondern bietet mit einem Koch für vegane Küche auch Kurse für »Ernten und kochen mit wilden Pflanzen« an.

Wie bist du Wildpflückerin geworden?

»Früher war ich nie draußen in der Natur, ich war eine echte Stubenhockerin. Wenn ich zum Wandern mitkommen sollte, bekam ich richtig schlechte Laune, das war einfach nichts für mich. Bis ich bei meinem Vater ein Buch übers Wildpflücken entdeckt habe – damit hat sich alles geändert. Ich habe das Buch verschlungen und danach gleich einen Kurs über Heilkräuter und Permakultur besucht. Salben und Tinkturen selbst herstellen zu können und mit anderen ›Kräuterweibern‹ herauszufinden, wie man einen Tee aus Wildpflanzen zubereitet, das ist einfach fantastisch.«

Von der Stubenhockerin zum Kräuterweib – das ist eine ziemliche Kehrtwende …

»In der Natur langweile ich mich nie, es gibt immer etwas zu entdecken und zu pflücken. Wildpflücken ist sehr vielseitig: Du kannst dich überall auf die Suche begeben, du bist draußen an der frischen Luft, der Geschmack der selbst gesammelten Kräuter und Pflanzen ist außergewöhnlich, und was du damit alles anstellen kannst, ist wirklich etwas Besonderes. Hast du zum Beispiel gewusst, dass Brennnesseln nicht nur geballte Vitaminbomben

> *»Wildpflücken gibt mir ein Gefühl von Freiheit.«*

sind, sondern auch Dünger für deine (Zimmer-)Pflanzen, Conditioner fürs Haar und Färbemittel für Naturfasern und Kleidung? Wildpflanzen enthalten auch mehr heilsame Stoffe als kultivierte Pflanzen. Ich verwende sie oft als Arznei bei leichteren Beschwerden wie Erkältungen. Für meine Mutter, die an Arthrose leidet, stelle ich einen Tee aus selbst gepflückten Wildpflanzen zusammen, der ihr Linderung verschafft. Es ist doch schön, wenn man so etwas tun kann! Wildpflücken gibt

mir ein Gefühl von Freiheit und Verbundenheit mit der Natur. Beim Wildpflücken habe ich keinerlei Sorgen, ich lebe einfach im Moment. Willst du etwas in der Natur finden, musst du im Hier und Jetzt sein. Bist du aber in Gedanken versunken, siehst du nichts.«

Wie vermeidest du es, versehentlich giftige Pflanzen zu pflücken?

»Nimm einen Wildkräuterführer mit guten Beschreibungen und Illustrationen mit, denn du musst dir wirklich hundertprozentig sicher sein, dass du die richtige Pflanze pflückst. Fang ganz einfach mit bekannten Pflanzen an, die nicht mit giftigen Pflanzen verwechselt werden können, zum Beispiel Brombeeren, Schlehe, Brennnessel, Klettenlabkraut, Giersch, Löwenzahn, Edelkastanie. Und Baumfrüchte: Nüsse, Äpfel und Birnen. Nach einer Weile entwickelst du den Kennerblick, weil du die Pflanzen schon so oft gesehen hast und sie im Gedächtnis abspeicherst. Bin ich mir unsicher, lasse ich die Pflanze immer stehen.« ◆

Biografie

NAME: Marin Leus
SIE MACHT: Wildkräutermischungen, Tinkturen, Salben, Gerichte
SIE MAG: Die auf den ersten Blick ganz normal aussehende Natur, die dann aber doch ganz besonders ist.
SLOW-LIFE-TIPP: Von der Natur lernen, dass weniger mehr ist
ZU FINDEN UNTER: www.wildeschool.nl und @dewildeschool

Waschmittel aus Efeu machen

DU BRAUCHST

- 50 g frischen Efeu
- 1 l Wasser
- 100 ml Essig
- Stabmixer oder Mixer
- Sieb oder Passiertuch
- Saubere, dunkle Flasche

Variationen

Du findest keinen Efeu? Dann mach dein Waschmittel aus Rosskastanien, der Wildsorte. Du kennst sie vielleicht noch von früher, wenn du die braunen Kugeln mit dem weißen Fleck als Murmel verwendet hast.

Die Kastanien schälen, raspeln und trocknen lassen. Für einen Waschgang brauchst du zwei geraspelte Kastanien. Auch beim Zelten sehr praktisch!

Efeu *(Hedera helix)* **ist bekannt für seine antibakterielle Wirkung und hilft auch gegen Schimmel. Zudem enthalten die Efeublätter Saponine** *(eine Art natürlichen Entfetter).* **Mit diesem Rezept kannst du einen Allround-Reiniger herstellen, er ist Handseife, Spülmittel, Shampoo für dunkles Haar und Waschmittel für dunkle Wäsche in einem.**

Schritt 1

50 g frische Efeublätter ohne Stiel und mit Respekt vor der Pflanze pflücken.

Schritt 2

Den Efeu in einen Topf geben und einen Liter kaltes Wasser hinzufügen. Mit Stabmixer oder Mixgerät alles zu einem Brei zerkleinern.

Schritt 3

Lass die Mischung drei Minuten sanft köcheln und dann abkühlen. Danach 100 ml Essig zufügen (wenn du es als flüssiges Spül- oder Waschmittel verwenden willst). Der Essig verlängert übrigens die Haltbarkeit, und das Mittel entfettet noch besser.

Schritt 4

Die Mischung in ein Sieb oder Geschirrtuch geben. Glückwunsch, du hast dein eigenes Waschmittel hergestellt! Das geht schneller als Wäschefalten! Du kannst dein Waschmittel mehrere Wochen in einer sauberen dunklen Flasche an einem kühlen Ort aufbewahren.

Für einen Waschgang verwendest du ungefähr 150 ml. Für eine Haarwäsche brauchst du etwa 5 EL.

TRADITIONEN

Ich finde es wunderschön und kostbar, sich seine eigenen Rituale zu schaffen. In unserer Familie ist es zum Beispiel zur Tradition geworden, einen Weihnachtstag im Pyjama auf einer großen Matratzeninsel im Wohnzimmer mit Tiefkühlpizza und Filmen zu verbringen. Und im Oktober haben wir die Tradition, mit den Kindern Kürbisse auszuhöhlen. Ihre strahlenden Gesichter, wenn sie dann abends ihre erleuchteten Exemplare sehen, sind einfach unbezahlbar. Hoffentlich werden diese Traditionen für sie zu Erinnerungen fürs Leben – für mich sind sie es auf jeden Fall.

»Ich bade fast jeden Morgen.«

Daan Rot de Launay ist eine Frau, die alles über Traditionen weiß. Unter dem Namen Maandag Daandag gibt sie Einblicke in ihren turbulenten Alltag mit vier Kindern und Mann Jan Rot. Das Familienleben hat seine ganz eigenen Traditionen, wie drinnen picknicken, zelten im Garten und im Herbst Kürbisse aushöhlen.

Was bedeutet für dich Slow Living?

»Slow Living bedeutet für mich ein Leben nach den Jahreszeiten, dazu zählt auch das Essen. Sich im Herbst Zeit für ein schönes Schmorgericht zu nehmen, das seinen wohligen Duft im ganzen Haus verbreitet. Aber auch, viel Zeit miteinander am Tisch zu verbringen, gehört dazu. Das bedeutet für unsere Familie, dass wir alle Feste im Jahr feiern: feiernd durchs ganze Jahr. Mein ganz persönliches Slow Living ist ein morgendliches Bad. Erst bringe ich die Kinder im Pyjama zur Schule, dann koche ich mir einen Tee und lege mich in die Badewanne – erst danach fange ich mit der Arbeit an.«

Du hast vier Kinder und einen hektischen Alltag. Ist es da besonders wichtig für dich, deine Erholungsoasen einzubauen?

»Ja, bei uns geht es oft ziemlich chaotisch zu, Freunde, Schule … Auch für die Kinder ist das anstrengend. Ihr Leben scheint in einem viel schnelleren Tempo zu verlaufen als bei uns früher. Deshalb machen wir freitags gerne ein Feuer im Garten, oder es gibt ein Picknick im Wohnzimmer. Wir holen uns dann Pommes oder stellen eine bunte Mischung mit leckeren Snacks auf die Picknickdecke. So starten wir entspannt ins Wochenende.«

»Freitagabend machen wir ein Picknick auf der Decke und starten so entspannt ins Wochenende.«

Ich komme auch zur Ruhe, wenn ich etwas mit den Händen mache. Dann muss ich mich eine Zeit lang auf nur eine Sache konzentrieren. Zudem ist es schön, dass ein Schal oder so nicht sofort fertig sein muss. Das hat Zeit.

Ein bisschen Musik dazu, für sich sein und Zeit zum Nachdenken haben … wunderbar! Es scheint übrigens etwas Ansteckendes zu haben, denn schon bald setzt sich eins der Kinder zu mir, mit Strickzeug, Buntstiften oder einem Buch.«

Welche Familientraditionen habt ihr?

»Wir feiern alle Feste übers Jahr. Zufällig hat sich an diesem Ostern eine neue Familientradition ergeben: Normalerweise hören wir uns immer die Matthäus-Passion von Bach an. In diesem Jahr bin ich mit meiner ältesten Tochter durch eine nahezu ausgestorbene Stadt gegangen, und wir haben uns die Musik über Kopfhörer angehört. Man fühlt sich dann wie in einem Film. Wir haben keine strengen Abläufe für Feste. Die Kinder dürfen an ihrem Geburtstag selbst bestimmen, ob sie ein volles Haus mit viel Besuch haben möchten oder lieber anders feiern wollen. Mach dich frei von den Erwartungen anderer. Es ist dein Leben.« ◆

Biografie

NAME: Daan Rot-de Launay
SIE MACHT: Bücher, Stempel, Fotos, Reisen und noch viel mehr
SIE MAG: Ihr tägliches Bad
SLOW-LIFE-TIPP: Lege dir eine Pausentaste zu, und sage dir öfter mal »ich muss nicht«. Geh zu Fuß, verzichte aufs Rad, Auto oder die Öffentlichen.
ZU FINDEN UNTER: www.maandagdaandag.nl; @maandagdaandag

Kürbisse aushöhlen

- -

WANN?
Im Herbst, wenn die Kürbisse dick und prächtig sind.

DU BRAUCHST
- Kürbis, am besten selbst vom Kürbishof geerntet
- Melonenschaber oder Eisportionierer
- Scharfes Messer und einen Löffel

Was musst du tun?

Schritt 1
Zunächst musst du den Kürbis von außen gründlich reinigen. Lege ihn auf den Boden, und schau, ob er stabil steht. Überlege dir, was du schnitzen willst. Möchtest du das klassische Kürbisgesicht oder lieber ein Muster?

Schritt 2
Schneide mit einem scharfen Messer oben den Deckel vom Kürbis ab. Gut aufbewahren, denn er kommt später wieder auf den Kürbis.

Schritt 3
Mit dem Löffel höhlst du den Kürbis aus. Kratze die Kürbiskerne und das faserige und matschige Innere heraus. Die Kerne kannst du für einen gesunden Snack aufbewahren, den du dir später gönnst, wenn du dein leuchtendes Kürbiswunder betrachtest (siehe Seite 126).

Schritt 4
Wenn du das Innere aus dem Kürbis herausgekratzt hast, kannst du mit der Schnitzarbeit beginnen. Stelle den Kürbis dafür fest auf den Tisch oder klemme ihn zwischen die Knie und schnitze immer von dir weg. Fange mit einfachen Sternen oder Löchern an, wie auf dem Foto. Das sieht immer gut aus. Oder du machst Schnörkel mit vereinzelten Blättern, Dreiecken, Blumen und einem Zickzackmuster oder die Schnauze von deinem Haustier. Tobe dich aus!

Schritt 5
Warte, bis es dunkel ist, und zünde ein Teelicht in deinem Kürbis an. Hübsch, oder?

Variationstipp
SNACK AUS GERÖSTETEN KÜRBISKERNEN

Es wäre eine Schande all die Kerne wegzuwerfen! Würze und röste sie stattdessen für einen köstlichen und gesunden Snack.

• Den Kürbisinhalt (Kerne und Fäden) in eine Schüssel mit kaltem Wasser geben und die Kerne herauslösen.

• Die gereinigten Kerne 20 Minuten lang mit etwas Salz kochen. Den Ofen auf 180 °C vorheizen.

• Das Wasser abgießen und die Kerne in einer Schüssel mit einem Esslöffel Olivenöl, Lebkuchengewürzen, Paprikapulver, Pfeffer und Salz mischen. Probiere ruhig auch Kreuzkümmel, Chiliflocken oder geräucherte Paprika, Thymian und Honig.

• Nun die Kerne auf einem Blech mit Backpapier auslegen und 30 bis 40 Minuten im Ofen rösten. Wende sie ruhig zwischendurch und lass sie nicht zu braun werden. Am besten schmecken sie warm!

MIT PFLANZEN FÄRBEN

Mit Blättern, Blumen, Baumrinde und anderen Pflanzenmaterialien kann man Wolle und Stoff in den schönsten Tönen färben. Farbtöne, die du aus der Natur kennst und die du im Nu auf deine Kleidung zaubern kannst. Schaue dich bei deinem nächsten Waldspaziergang gut um, und stelle dir eine Sammlung aus Baumrinde, Blättern und Blumen zusammen. Lass die Farben wirken, auf der Kleidung und auf dein Gemüt. »Hübscher Schal!« »Oh, danke, hab ich selbst gefärbt, mit einem Hauch Walnussfruchtschale!«

Durch den Wald streifen

Jessica Kouwenhoven von Studio Forest Friends hängt sich ein Körbchen für abgestorbene Baumrinde über den Arm, nimmt einen Topf mit und zeigt mir die faszinierenden Schätze der Natur, Fundorte für traumhaft schöne Erdtöne. Jessica färbt nämlich ihre Wolle und Garne selbst und stellt daraus originelle Kreationen her. Die Häkelnadeln dafür schnitzt sie aus dünnen Zweigen. Ein wahres Vergnügen, mit einer echten Expertin für Pflanzenfarben durch den Wald zu streifen.

Erzähl mal, was du so alles machst.

»Ich färbe meine Garne selbst, schnitze Häkelnadeln aus dünnen Zweigen und stelle daraus allerlei Sachen her, wie Schals, Taschen, Körbe, Mützen und Tücher. Ich habe unglaublich viel mit pflanzlichen Farben rumprobiert, die Möglichkeiten der Pflanzenfarben scheinen unbegrenzt zu sein. Ich schöpfe daraus so viel Inspiration, dass ich immer weitermachen will. Das ist Zaubern in deiner Küche. Und sich sein Material in der Natur zu suchen, ist natürlich auch keine Strafe.«

Kannst du uns ein bisschen mehr über die Magie des Färbens mit Pflanzen erzählen?

»Ich finde es magisch, dass man mit Dingen aus der Natur so überraschende Effekte erzielen kann. Das ändert sich von Jahreszeit zu Jahreszeit. Schau dir zum Beispiel die Brennnessel an: Im Frühjahr ergeben ihre Blätter einen frischen Grünton,

im Herbst eher ein Tarngrün. Du weißt zuvor nie genau, wie das Ergebnis aussehen wird – das macht es so spannend. Hast du gewusst, dass Avocadoschale ein Altrosa ergibt? Ich beobachte die ganze Zeit, was sich in meinem Färbertopf tut. Aber erst nach dem Ausspülen und Trocknen sehe ich das wirkliche Ergebnis.«

»Botanisches Färben ist Zaubern in deiner Küche.«

Wie gehst du genau vor?

»Es gibt verschiedene Möglichkeiten. Du kannst dir zunächst eine Farbe überlegen und heraussuchen, welches Farbmaterial du dazu benötigst. Du kannst aber auch einfach experimentieren. Wenn du irgendwo unter einem schönen Baum Blätter und Baumrinde liegen siehst, kannst du eine Probe machen, welche Farbe sie ergeben könnten. Ich nehme zum

Tipps

**Einfach experimentieren!
Im schlimmsten Fall ist
das Ergebnis anders als
erwartet, aber eigentlich ist
es immer schön. Erwarte
keine Leuchtfarben, oft
sind es wunderschöne
Pastell- und Erdtöne.**

Probieren immer etwas Restgarn.
Wenn mir das Ergebnis gefällt, lege
ich richtig los. Ich passe aber immer
auf, dass die Natur unbeschadet
bleibt. Ziehe niemals Baumrinde von
einem Baum ab. Das muss wirklich
nicht sein. Wenn du mit offenen
Augen durch den Wald gehst, wirst
du überall brauchbares Material auf
dem Boden liegen sehen.« ◆

Biografie

NAME: Jessica Kouwenhoven
SIE MACHT: Häkelnadeln, färbt Wolle selbst und
macht daraus ganz viele Schals und Accessoires
SIE MAG: Die Arbeit mit pflanzlichen Materialien
SLOW-LIFE-TIPP: Meditation und lernen, sich mit
der Kraft der Erde und des Universums zu verbinden
ZU FINDEN UNTER: @studioforestfriends

Färben mit Avocados

WANN?

Mit Materialien aus der Natur kannst du das ganze Jahr über färben. Im Herbst liegen aber mehr Blätter und Baumrinde auf dem Boden, einfach gleich sammeln.

DU BRAUCHST

- Material zum Färben aus der Natur *(oder Sachen aus deinem Kühlschrank)* im Verhältnis 1:1. Also dieselbe Menge Wolle wie Material zum Färben. In unserem Beispiel nehmen wir die Schalen und Kerne von 5 Avocados.
- Ungebleichte, ungefärbte, tierfreundliche Wolle
- Großen Topf
- Holzlöffel
- Sieb

Was musst du tun?

Schritt 1

Ich schlage vor, du fängst mit Avocados an. Das Farbergebnis ist ein Altrosa. Du brauchst Kerne und Schalen von ungefähr fünf Avocados, die du bis zu ihrer Verwendung im Tiefkühlfach aufbewahren kannst.

Schritt 2

Das Wollknäuel abrollen und zu einem lockeren Strang wickeln. Das geht ganz einfach, wenn du die Wolle um zwei Stuhlbeine wickelst. Binde den Strang mehrfach locker zusammen, damit er sich nicht verheddert.

Schritt 3

Einen Topf mit Wasser füllen – das Garn muss später beim Färben komplett mit Wasser bedeckt sein – und die Avocadoschalen- und kerne hinzufügen. Den Sud kurz aufkochen lassen und über Nacht durchziehen lassen. Danach durchsieben und die Avocadoteile entfernen.

Schritt 4

Die Wolle ordentlich wässern, mit Wasser aus dem Wasserhahn oder mit Regenwasser und mindestens eine Stunde im Wasser liegen lassen, bis sie vollständig eingeweicht ist. Jetzt den Strang auswringen und ihn in das abgekühlte Farbbad eintauchen. Alles erhitzen und eine halbe Stunde simmern lassen. Es darf NICHT kochen!

Schritt 5

Den Strang aus dem Topf nehmen und ihn unter einem sanften Wasserstrahl auswaschen. Zum Trocknen aufhängen (nicht in die Sonne). Hast du das Gefühl, die Farbe haftet nicht oder sie wäscht sich zu schnell aus? Dann fixiere die Farbe, indem du die Wolle eine Stunde lang in einem Wasserbad mit einem kräftigen Schuss Essig durchziehen lässt.

CIDER HERSTELLEN

Ein sonniger Herbsttag, eine alte Obstwiese mit saftigen Früchten und eine Holzleiter, die zum Klettern einlädt. Rote Äpfel, die fast von allein in deinen Korb plumpsen. In der Winterkälte Fässer mit blubbernden Säften, die darauf warten, in Flaschen abgefüllt zu werden. Und im Frühjahr dein erster Schluck selbst gemachter Cider. Auf geht's, wir machen Cider!

»Cider machen dauert vier Jahreszeiten.«

Tief versteckt in den Wäldern von Hilversum, umgeben von alten Bäumen, liegt ein kleines Paradies: Hof De Hoorneboeg. Im Schuppen vom ehemaligen Haus des Gärtners betreiben Arjen Meeuwsen und Teun Durlinger eine Ciderbrauerei. Hier brauen sie das herrliche Getränk und experimentieren mit alten Obstsorten und Kräutern. Während Arjen die erste Herbsternte verarbeitet, stelle ich ihm – ein Glas frisch gepressten, betörend nach Äpfeln und Birnen duftenden Saft in der Hand – ein paar Fragen.

Wie bist du auf die Idee gekommen, Cider selbst zu herzustellen?

»Ich habe mal ein halbes Jahr im amerikanischen Portland gelebt und kam dort täglich mit dem Rad an einem schönen Aushängeschild mit einer Ciderreklame vorbei. Ich dachte immer: Cider, das ist doch ein angestaubtes Altherrengetränk! Dennoch war ich neugierig und habe es probiert. Es war köstlich! Mich hat es beeindruckt, dass alle möglichen Obstsorten dafür verwendet werden können, nicht nur Äpfel. Während einer Bergwanderung kam mir dann die Idee. Plötzlich hatte ich meinen eigenen Cider genau vor Augen. Damals habe ich noch als Landschaftsarchitekt gearbeitet und wusste, dass in den Niederlanden Äpfel von Hochstammapfelbäumen oft nicht mehr geerntet werden. Die Arbeit ist recht aufwendig und dadurch teuer. So kam ich auf die Idee, gerade aus diesen Äpfeln Cider zu machen, damit diese Obstgärten wieder einen Nutzen haben.«

Du hast also einen ganz neuen Weg eingeschlagen?

»Unsere ersten Ergebnisse schmeckten erstaunlich gut. Mein Partner Teun und ich beschlossen daraufhin weiterzumachen, heute sind wir vier Jahre und einige Liter Cider weiter. Ich war auf der Suche nach einem Ausgleich für mich, denn ich war eine Zeit lang ziemlich gestresst. Ich habe meinen Job gekündigt und arbeite jetzt als selbstständiger Landschaftsarchitekt. Nebenher braue ich Cider.

»Im Winter brodeln die Fässer ... Blubb-blubb-blubb.«

Ich freue mich noch immer über die körperliche Arbeit und bin froh, nicht mehr Tag ein, Tag aus hinterm Computer oder in Meetings hocken zu müssen. Vielen Menschen geht es ähnlich wie mir, ich beobachte das immer während unserer Erntezeit. Wir bekommen dann kräftige Unterstützung von Leuten, die ihre Woche im Büro verbringen. Äpfel zu pflücken macht sie richtig glücklich.«

Was ist das Besondere an der Herstellung von Cider?

»Die vielen verschiedenen Prozesse im Jahr, bei denen man wirklich im Einklang mit der Natur lebt. Der Herbst ist die Zeit der Ernte und des Obstpressens. Wir schaffen stapelweise Kisten mit Äpfeln weg, da heißt es, ordentlich zupacken. Und dann das Pflücken, sich strecken und recken, das ist fast wie Yoga. Im Herbst ist das Wetter oft noch richtig schön, wir stellen draußen lange Tische auf und sitzen mittags zum Essen alle zusammen. Cider herzustellen verbindet. In der kalten Jahreszeit versinkt alles im Winterschlaf. In der Ciderbrauerei ist dann nur das Blubbern in den Fässern und Schläuchen zu hören … Blubbblubb-blubb, echt cool!

Wenn es Frühling wird, probierst du deinen ersten Cider. Und dann diese Überraschung: Wow, so schmeckt er also! Auf unseren Flaschen steht nicht ohne Grund: ›Aus Liebe zum Abenteuer!‹ Wenn du selbst Cider machen möchtest, dann achte darauf, dass du ungespritztes Obst verwendest, zum Beispiel aus deinem Garten oder von einer Obstwiese in deiner Gegend. Ach ja, und zukünftig bestellst du dir dann mal einen Cider anstatt Bier! Damit kannst du die Obst- und Waldgärten unterstützen, anstatt den Weizenanbau mit seiner Monokultur für die Bierproduktion. Wieder ein kleiner Beitrag zur Biodiversität!« ◆

Biografie

NAME: Arjen Meeuwsen und Teun Durlinger von Elegast cidery
SIE MACHEN: Cider
SIE MÖGEN: Natur
SLOW-LIFE-TIPP: Erlebe die Jahreszeiten bewusst, indem du mit ihnen arbeitest und raus in die Natur gehst.
ZU FINDEN UNTER: www.elegastcider.nl

Cider selbst herstellen

WANN?

Der Herbst ist ideal, um Cider herzustellen. Die Apfelernte geht von Mitte September bis Mitte Oktober. Danach kannst du den Winter für die Kaltgärung nutzen.

DU BRAUCHST

- 5 kg reife, ungespritzte Äpfel
- Reibe, Schredder oder Küchenmaschine
- Dünnes Geschirr- oder Passiertuch (wenn du keine Küchenmaschine hast)
- Schöne 2-Liter-Flasche *(oder Korbflasche, Demijohn oder Gäreimer)*
- Gärröhrchen und Gummistopfen im selben Durchmesser wie der Flaschenhals *(Onlineversand)*
- Bügelflasche zur Aufbewahrung deines Ciders
- Hydrometer, um den Zuckergehalt zu bestimmen und Explosionen zu vermeiden *(Bier-, Wein- oder Ciderhefe – Onlineversand)*

Was musst du tun?

Schritt 1

Für den Saft nimmst du die Äpfel, die schon etwas reifer sind und wilde Hefe enthalten. Rasple oder schreddere die ungewaschenen Äpfel mit Kerngehäuse und allem. Wenn du eine Küchenmaschine hast, geht es damit noch einfacher.

Schritt 2

Die Apfelmasse auspressen. Falls deine Küchenmaschine das nicht kann, geht das auch mit einem Geschirr- oder Passiertuch. Fange den Saft – es werden ungefähr 2 Liter – in einer Flasche mit Gärröhrchen auf. Durch das Röhrchen kann das Kohlendioxyd aus der Flasche entweichen, aber es kommt kein Sauerstoff an den Cider. Fülle das Röhrchen mit etwas Wasser.

Schritt 3

Dein zukünftiger Cider darf jetzt an einen kühlen Ort mit einer Maximaltemperatur von 15 Grad umziehen. Hier kann er ein paar Monate vor sich hin blubbern. Die Blasen blubbern nicht mehr? Dann kannst du mit einem Hydrometer kontrollieren, ob dein Cider wirklich fertig ist: Diesen Schritt nicht einfach überspringen, denn wenn du deinen Cider abfüllst, obwohl der Gärprozess noch nicht abgeschlossen ist, kann der Verschluss herausschießen, oder die Flasche kann explodieren!

Schritt 4

Nach dem Gären ist es Zeit zum Abfüllen! Pro Liter Cider kommen noch 6 g Zucker in jede (Bügel-)Flasche, die dann mit Cider aufgefüllt wird. Jetzt ist wieder Warten angesagt, aber nach ungefähr 4 Wochen hast du einen herrlich sprudelnden Cider – Prost!

BOTANISCHES TÖPFERN

Töpfern regt Urinstinkte an, es lässt deine Armmuskeln vibrieren und macht dir bewusst, dass du lebst. Und jedes Mal, wenn du deine Hände um deine selbst getöpferte Tasse legst, wirst du dich wieder an diesen Moment zurückerinnern.

Töpfern mit Blättern und Blumen

WANN?

Botanisches Töpfern geht das ganze Jahr über. Vor allem, wenn du einen kleinen Vorrat an getrockneten Blumen oder Blättern hast. Besonders schön ist es aber im Herbst, wenn es draußen regnet. Zudem fallen dann die Blätter von den Bäumen, und du kannst in den Wäldern schöne Exemplare fürs Töpfern finden.

DU BRAUCHST

- Suche dir eine Tonfarbe aus, die dir gefällt, und eine Sorte, die an der Luft trocknet
- Frische oder getrocknete Blätter oder Blumen- und Blütenblätter
- Messer
- Glas, um den Ton damit auszurollen und runde Formen auszustechen
- Wenn du magst: (Wasser-) Farbe
- Je nach Variation eventuell weiteres Material, siehe Beschreibung

Was musst du tun?

Die Basis

Den Ton durchkneten, bis er sich schön weich und geschmeidig anfühlt. Wenn du den Ton gut geknetet hast, teilst du ein Stück ab und rollst es mit einem Glas zu einer dicken Schicht aus. Suche dir aus den unten beschriebenen Variationen eine aus und schneide oder knete den Ton in die gewünschte Form.

Lege deine Blume oder das Blatt auf den Ton und rolle – wieder mit dem Glas – sanft darüber, bis du einen deutlichen Abdruck siehst. Du kannst das Blatt entweder im Ton lassen oder du zupfst es vorsichtig wieder ab und hast dann nur den Abdruck. Das Abzupfen geht leichter, wenn du den Ton zunächst etwas antrocknen lässt und erst dann das Blatt abhebst. Der Ton trocknet an der Luft. Lege deine Kreationen an einen geschützten Ort und prüfe am nächsten Tag, ob der Ton schon getrocknet ist. Falls du möchtest, kannst du deiner Kreation noch mehr Tiefe geben und sie mit Wasserfarbe bestreichen oder bespritzten. Lebe dich aus!

Variationen zur Basis

- **Pflanzenanhänger** (schön als Geschenkanhänger oder als Schild): Gehe zunächst wie in der Basisanleitung vor und rolle den Ton zu etwa 0,5 cm dicken Scheiben aus. Drücke mit der Glaskante Kreise in den Ton. Mit einem Messer schneidest du an der Oberseite ein Loch in den Ton, durch das du eine Kordel zum Aufhängen fädeln kannst.
- **Variation 2.0**: Du kannst aus den Schildchen auch ein Mobile machen, indem du sie an einen Stock hängst. Besonders schön sehen bunte Blütenblätter aus, die du im Ton lässt.

Jedes Blatt hat einen einzigartigen Abdruck.

- *Briefbeschwerer*: Gehe nach der Basisanleitung vor, aber nimm einen etwas größeren Tonblock, mit dem du einen Papierstapel beschweren kannst. Bearbeite ihn zu einer schönen Form und drücke einen Blattabdruck hinein. Trocknen lassen, fertig ist der Papierbeschwerer!

- *Gartenschilder*: Bei diesem Modell schneidest du keine Kreise aus, sondern schmale Rechtecke, die an einer Seite zu einer Spitze auslaufen, ungefähr in der Größe 20 x 4 cm. Drück an der Oberseite des Rechtsecks dein Gemüse oder die Kräuter in den Ton (natürlich ist es besonders schön, wenn du die passende Pflanze zum Schild nimmst). Du kannst auch Stempelbuchstaben verwenden, um den Namen der Pflanze in den Ton zu stempeln. Die Spitze, die in den Boden gesteckt wird, musst du mit wasserfester Farbe lackieren, sonst weicht dein Schild durch die feuchte Erde auf.

- *Schmuckschale mit Blattabdruck*: Nimm etwas mehr Ton und rolle ihn zu einer großen Fläche mit 0,5 cm Dicke aus. Die Fläche muss größer sein als das Blatt, mit dem du den Ton bedrucken willst. Lege dein (Herbst-)Blatt auf den Ton und rolle mit dem Glas kräftig darüber, um einen schönen gleichmäßigen Abdruck zu erhalten. Schneide mit dem Messer vorsichtig am Blattrand entlang, damit du ein Blatt aus Ton bekommst.

Forme aus Aluminiumfolie eine dicke Kugel, die du als Füllform für die Innenseite deiner Schmuckschale verwendest. Die Größe ist abhängig von der Schmuckmenge, die du in die Schale legen möchtest. Anstatt Aluminiumfolie kannst du auch im Sandkasten Sand aufhäufen. Lege deinen Ton-mit-Blatt über die Aluminiumkugel oder den Sandberg und bilde eine schöne Form. Lass den Ton dort trocknen. Anschließend kannst du das Blatt lösen – fertig ist deine Schmuckschale. Klimperklimper!

SEIFE MACHEN

Ich fange lieber gleich mit einer Warnung vorweg an, denn für dieses Projekt muss man sehr präzise vorgehen und braucht etwas mehr chemische Vorkenntnisse als für die anderen. Wer sich, wie auch ich, sonst nicht so streng an Rezepte hält und lieber nach Gefühl loslegt, der sollte diesmal sehr genau sein. Es wird sogar eine Schutzbrille gebraucht. Aber bitte nicht abschrecken lassen! Seife zu machen, ist eine schöne und wohlriechende Beschäftigung, die zudem ein sehr nützliches Produkt ergibt. Nämlich Seife – für vorsichtige, saubere Menschen. Aber auch für chaotische Schmutzfinken.

»Seife machen hat etwas Therapeutisches.«

Mit 28 Jahren eröffnete Thijske Noordhoek ihre eigene Seifenmanufaktur »Zeeplokaal« für nachhaltig hergestellte Bio-Seifen. Beim Betreten ihres Ateliers umhüllt mich sogleich eine Wolke himmlischer Düfte. Auf dem Tisch liegen Kräutersträuße, bereit für ihr Bad im Öl und ihr eigentliches Ziel: Seife.

> *Tipp*
> ***Keep it simple.*** **Achte auf gute Zutaten und leg dir alles zurecht. Dann lass deiner Experimentierfreude freien Lauf!**

Wie bist du auf die Idee gekommen, Seife selbst zu machen?

»Ich kann mich noch sehr gut an den Moment erinnern. Ich stand unter der Dusche und hatte mir gerade so eine Flasche Billigduschgel gekauft. Ich bekam davon überall roten Ausschlag. Daraufhin habe ich versucht, die Inhaltsstoffe herauszufinden, was gar nicht so einfach war.

Es muss doch auch etwas anderes geben, dachte ich und kam schnell auf das altmodische Seifenstück. Eigentlich seltsam, dass ich mir damals nicht einfach ein Stück Seife gekauft habe, sondern sie selbst machen wollte. Mir hat es gefallen, nach einem langen Tag im Büro etwas mit den Händen zu machen. Zunächst habe ich mich eingelesen und habe dann zu Hause mit einer Kuchenform und Ölen angefangen. Meine erste Seife war eine Zimtseife, ganz klein, mit vielen Dellen vom Backpapier, aber ich war sofort begeistert. Die Seife sah so schön handgemacht aus. Und man kommt mit dem Inhalt daheim im Küchen-

schrank schon ziemlich weit. Mir gefällt es, dass man beim Herstellen von Seife von Anfang bis Ende alles selbst macht und danach ein Produkt in Händen hält, das man Jahre lang verwenden kann.

> *»Meine erste Seife hatte viele Dellen, aber ich war sofort begeistert.«*

Du kannst mit den Mischungen spielen und selbst bestimmen, was in deine Seife kommt. Ich beobachte auch gerne, wie die Öle ihre Struktur verändern, die chemische Reaktion und dann das Aushärten. Mich freuen auch immer die netten Reaktionen von den Menschen, die meine Seifen benutzen. Deshalb kaufe ich inzwischen auch ganz bewusst öfter bei kleinen Betrieben, denn jetzt weiß ich, dass man andere damit glücklich machen kann.«

Welche Zutaten sind deine Favoriten?

»Die Kombination aus Kokosöl und Olivenöl darf in meiner Seifenküche nicht fehlen. Die Seife wird schön hart und hat Eigenschaften, die super für die Haut sind. Ich experimentiere auch gern mit ätherischen Ölen und getrockneten Kräutern und Blüten. Manchmal ergibt sich ein neuer Farbton, aber gerade das ist besonders spannend. Die Seife muss nicht perfekt sein, man kann ruhig sehen, dass sie ein Naturprodukt und handgemacht ist.«

Missglückt dir auch mal etwas?

»Seife machen hat etwas Therapeutisches. Du bist vollkommen konzentriert mit nur einer Sache beschäftigt. Du musst sehr präzise arbeiten, das richtige Mischungsverhältnis beachten, die Temperatur kontrollieren. Du darfst keine Eile haben. An Tagen, an denen ich nicht hundertprozentig bei der Sache bin, misslingt mir auch mal was, klar. Seife machen ist ein langsamer Prozess, die Reifung braucht fünf bis sechs Wochen. Das fand ich am Anfang schwierig, denn bei mir musste immer alles schnell, schnell gehen. Die Seife hat mir einen Spiegel vorgehalten.« ◆

Biografie

NAME: Thijske Noordhoek
SIE MACHT: Seife
SIE MAG: Bücher, kuschlige Dinge, lange Spaziergänge und Tauschbörsenglück
SLOW-LIFE-TIPP: Lass in deinem Kalender Tage frei, damit du sie spontan gestalten und entscheiden kannst, ob du etwas unternimmst oder es dir zu Hause gemütlich machst. Das entschleunigt mein Leben ungemein.
ZU FINDEN UNTER: www.zeeplokaal.nl und @zeeplokaal

Seife machen

WANN?

Seife machen geht immer.

DU BRAUCHST

- 2 sterilisierte Glasflaschen oder Gläser
- 2 große Messbecher
- Seifenform, Kuchenform mit Backpapier oder Cupcake-Form aus Silikon
- Waage
- Fleischthermometer
- Schüssel, Topf, Stabmixer, Sieb
- Löffel aus Edelstahl
- Handschuhe
- (Sicherheits-)Brille

ZUTATEN

- 230 g Kokosöl
- 250 g Olivenöl
- 220 g Rapsöl
- 94 g Natriumhydroxid *(erhältlich in der Apotheke)*
- 254 g Wasser *(kein Tippfehler! Wie gesagt: Präzise arbeiten!)*
- Eine Handvoll frische oder getrocknete Blüten oder Kräuter nach Wahl
- 10 g ätherische Öle nach Wahl

Seife machen ist Präzisionsarbeit, bei der du gut auf deine Sicherheit (und die deiner Mitmenschen und -tiere) achten solltest. Ziehe deshalb Handschuhe an und trage eine (Sicherheits-) Brille. Du wirst mit Natriumhydroxid arbeiten, und das möchte niemand auf die Haut bekommen. Auch die Lauge, die du herstellst, wird sehr warm, also Kinder und Haustiere unbedingt fernhalten!

So, und jetzt ein paar chemische Grundlagen: Zur Seifenherstellung benötigst du Fette (Pflanzenöle) und eine basische Flüssigkeit (Lauge). Indem du beides miteinander vermischst, wird der Verseifungsprozess in Gang gesetzt, und du erhältst nach 5 Wochen Reife einen harten Block. Bei diesem Rezept wird die Seife mit 5 % überfettet, damit die Seife cremig und nährend ist und deine Haut nicht austrocknet. Habe keine Angst, weil du dir mit dem sicherlich ungewohnten Natriumhydroxid später die Haut waschen sollst. Die Überfettung bewirkt, dass nichts davon in deiner Seife zurückbleibt.

Du kannst den Ölen frische oder getrocknete Kräuter und Blüten zusetzen, damit sie von den heilsamen Stoffen und Düften durchtränkt werden. Wenn du allerdings einen intensiven Duft haben möchtest, fügst du am besten einen Tropfen ätherisches Öl hinzu (siehe Rezept). Wenn du frische Kräuter zu deinem Öl gibst, musst du die Seife innerhalb von zwei oder drei Tagen herstellen. Ein Öl mit getrockneten Kräutern ist länger haltbar. Zum Schluss: Bei diesem Rezept arbeiten wir bei der Flüssigkeitsangabe mit Gramm. Stell die Waage mit der Schale auf null Gramm ein, danach kannst du präzise abwiegen.

Schritt 1

Beginne zunächst mit der Herstellung der Kräuteröle. Fülle zwei Flaschen mit Kräutern deiner Wahl. In eine der Flaschen gibst du 220 g Rapsöl und in die andere 250 g Olivenöl. Lass die Flaschen mit den Ölen zum Durchziehen einen Tag stehen.

Schritt 2

Nächster Tag: Zeit für die Lauge! Fülle eine Schüssel mit dem Wasser und gib das Natriumhydroxid hinzu. Aber pass auf: Niemals andersherum, sonst fängt es kräftig an zu rauchen! Ich wiederhole: Füge die Natriumhydroxidkörner in die Schüssel mit dem Wasser. Jetzt rühren, bis sich die Körner auflösen. Die Temperatur steigt nun von allein auf ungefähr 70 bis 80 Grad. Aaaaachtung!

Schritt 3

Kontrolliere mit dem Thermometer regelmäßig die Temperatur der Lauge. Sobald sie ungefähr 50 Grad erreicht hat, kommen die Kräuteröle zum Einsatz. Die Öle durch ein Sieb gießen, damit die Kräuter entfernt werden. Jetzt genau 230 g Olivenöl und exakt 200 g Rapsöl abwiegen. Beides in einen Topf geben und noch 230 g Kokosöl hinzufügen. Jetzt erhitzen!

Schritt 4

Die Öle und die Lauge in den beiden Töpfen müssen um die 40 Grad warm sein. Weniger als 5 Grad Unterschied wäre gut.

Schritt 5

Auf geht's, Baby, jetzt wird verseift. Gieße die Lauge langsam in den Topf mit dem Öl. Kurz mit dem Löffel durchrühren und dann alles mit dem Stabmixer mixen. Wenn du alles richtig gemacht hast, wirst du sehen, wie sich die Konsistenz allmählich verändert. Kannst du mit dem Stabmixer eine Spur durch die Masse ziehen? Prima. Für einen intensiveren Duft kannst du jetzt 10 g ätherisches Öl hinzugeben und alles noch einmal gut durchrühren. Jetzt darfst du die Mischung in die Seifenform gießen.

Schritt 6

Warte zwei bis drei Tage. Slow living, right … ! Nimm dann die Seife aus der Form, und schneide sie in Stücke, denn noch ist sie weich.

Schritt 7

Nein, falsch gedacht, du bist noch nicht fertig! Seife muss nämlich richtig austrocknen – das dauert ungefähr 5 Wochen. Aber nach 5 Wochen Ausharren kannst du genüsslich ein Bad mit deinem echten Seifenstück nehmen und wohlduftend durchs Leben spazieren.

Variationstipp

Du kannst zum Schluss getrocknete Kräuter oder Blütenblätter hinzufügen, die du dann später in der Seife siehst. Das machst du bei Schritt 5, nachdem du eine Spur durch die Seifenmischung ziehen konntest. Wie wäre es mit getrockneten Rosenblüten, Lavendel, Ringelblume, Minze, Mohn (für einen Peelingeffekt)?

Kräuterseifen

Beim Grundrezept werden frische Kräuter wie Basilikum, Thymian, Rosmarin, Salbei und Zitronenverbene verwendet. Aber versuch auch mal Lavendel, Kamille oder eine Handvoll Tannennadeln vom Waldspaziergang. Der Fantasie sind keine Grenzen gesetzt!

TROCKEN-BLUMEN-LATERNE

Wenn die Abende länger werden und wir wieder mehr Zeit drinnen verbringen, ist es schön, sich die Natur ins Haus zu holen und ein Zauberwaldlicht zu haben. Das geht mit einer Laterne aus Trocken-blumen, da machen auch gerne die Kinder mit und freuen sich auf den Laternenumzug. Aber auch ohne Kinder oder Laternenumzug spendet diese atmosphärische Laterne ein zauberhaftes Glutlicht, im Wohnzimmer, im Garten oder auf der Terrasse.

Laterne basteln

WANN?

Die ideale Beschäftigung an einem verregneten Herbsttag. Musik auflegen, Heißgetränk dazu, schnurrende Katze auf dem Schoß (optional) und gemütlich kleben.

DU BRAUCHST

- Tapezierleim, der schon eine Weile steht
- Dünnes Transparentpapier *(zum Beispiel Schnittmusterpapier oder Seidenpapier)*
- Gepresste und getrocknete Blumen, Blüten oder Blätter
- Pinsel
- Schüssel
- Luftballon
- Kordel
- Basteldraht
- Teelicht

TIPP

Tapezierleim kannst du länger aufbewahren, indem du ihn mit Klarsichtfolie abdeckst. Die Reste nicht ins Spülbecken kippen, es sei denn, du kennst einen netten Klempner …

Was musst du tun?

Schritt 1

Reiße das Papier in etwa 5 x 5 cm große Stücke. Es darf ruhig etwas unordentlich aussehen.

Schritt 2

Den Luftballon aufblasen. Mit einem Stift eine gerade Linie an der Unterseite des Ballons (bei der Öffnung) ziehen – bis hierhin klebst du.

Schritt 3

Stelle deinen Ballon in eine Schüssel, damit er nicht wegrollen kann. Fange an der Oberseite des Ballons mit dem Auftragen der ersten Papierschicht an – bis zum Streifen. Bei dieser Schicht nur Wasser verwenden, dann lässt sich der Ballon später leichter herauslösen.

Schritt 4

Jetzt eine zweite Schicht Papierstücke aufkleben, diesmal mit Tapezierleim. Eventuelle Falten kannst du glatt streichen. Die Papierschnipsel sollen sich etwas überlappen. Streiche auch etwas Leim über die Schnipsel, damit sie gut durchtränkt werden. Trocknen lassen.

Schritt 5

Die Trockenblumen und Blätter mit dem Tapezierleim auf den Ballon kleben. Über die Blumen kommt eine weitere Papierschicht – insgesamt brauchst du mindestens vier Papierschichten, damit die Laterne am Ende auch stabil ist. Du kannst wieder Blumen oder Blätter aufkleben, später siehst du sie auch dann, wenn deine Laterne nicht leuchtet.

Schritt 6

Den Ballon einstechen und herauslösen. Zum Aufhängen durch beide Seiten ein kleines Stück Basteldraht stechen und zu einem Ring drehen. Nun aufhängen, Teelicht rein und fertig ist deine Zauberwaldlampe.

NÄHCLUB

Während meiner Ferien in England fiel mir im Schaufenster eines angestaubten Stoffladens ein Schild auf: *Social Sewing Club, next Saturday!* Sofort hatte ich ein Bild vor Augen, wie so eine Veranstaltung aussieht: An einem verregneten Nachmittag knüpfen Jane-Eyre-typische Frauen an ihrer Nähmaschine mit einer obligatorischen Tasse Tee neben sich Bande fürs Leben. Wieder zurück zu Hause nahm ich mir vor, einen solchen Nähclub zu gründen. Und tatsächlich schien meine Idee auf reges Interesse zu stoßen! Hier ist nun ein Interview mit meinem Nähclub, zur Inspiration und zum Vergnügen, aber auch mit Anleitung, wie du deinen eigenen Club gründen kannst.

»Dranbleiben gibt dir einen Kick.«

Irgendwann klingelte es bei mir an der Tür, und vor mir standen vier Frauen, die ich nicht kannte, mit ihren Nähmaschinen unterm Arm und schauten mich erwartungsvoll an. Nervöses Gekicher, dann wurden die Getränke auf den Tisch gestellt, und ein halbes Jahr später gingen wir gemeinsam im Wald zelten – mit Nähmaschinen. Der Nähclub war geboren.

Wieso habt ihr mit dem Nähen angefangen?

Jiwa: »Ich wollte gerne die Kleidungsstücke, die ich im Kopf hatte, selbst nähen können. Besondere Entwürfe, von denen ich genau wusste, wie sie aussehen sollten, die ich aber in keinem Laden bekam.«

Nicole: »Meine Mutter saß früher immer an der Nähmaschine. Als ich in die Kita kam, hat sie die ganze Kleidung für die Puppenecke genäht. Sie hat dafür oft den Stoff von meinen alten Kleidern genommen. Auch ich habe mit Stoffresten angefangen.«

Renske: »Meine Mutter hat früher auch genäht. Sie konnte es zwar nicht besonders gut, aber es war dennoch schön, wenn sie abends auf dem Boden mit Schnittmustern hantierte.«

Jiwa: »Mir hat meine Oma das Nähen beigebracht. Erst ging sie in teure Bekleidungsgeschäfte, hat sich genau angeschaut, wie die Sachen geschneidert waren, um sie dann – zack! – zu Hause nachzunähen. Für mich hat sie Levis-Jeans nachgenäht, die waren super!«

Erica: »Ich nähe noch immer auf der Maschine meiner Mutter. Sie hat fluchend daran gesessen, aber sie hat uns alles genäht, was wir haben wollten. Angefangen habe ich mit so einer handbetriebenen Singer von meiner Urgroßmutter, ideal für eine Achtjährige! Ich habe alles, was mit Mode und Modeschauen zu tun hat, geliebt und war immer ganz in Modezeitschriften versunken. Ich habe dann alles für meine Barbie nachgenäht, nach Entwürfen auf Karopapier. Ich kam mir vor wie eine echte Modedesignerin.«

> *»Mit einer guten Nähmaschine kannst du richtig in den Flow kommen.«*

Auf welches Nähergebnis von euch seid ihr besonders stolz?

Erica: »Eine winzig kleine blaue Jacke für meine Barbie, mit glockig fallen-

Erica

Nicole

Renske

Jiva

Eva

dem Rückenteil und Plisseefalten. Dazu hätte ich heute vermutlich keine Geduld mehr.«

Renske: »Meine Vorhänge. Endlich sind sie fertig!«

Nicole: »Besonders stolz bin ich auf das Kleid, das ich zuletzt genäht habe. Ich hatte ein Schnittmuster, von dem ich bestimmt vier verschiedene Probeentwürfe genäht habe, weil ich bei jedem Modell wieder etwas ändern wollte. Ich habe einfach irgendwelche hässlichen Stoffe genommen, die ich noch herumliegen hatte, sogar einen Bettbezug mit dem Print von einem Fussballverein. Irgendwann war der Schnitt dann ganz anders, aber das Kleid ist jetzt perfekt.«

Jiva: »Ich habe Renske eine Winterjacke genäht. Wenn ich für andere etwas nähe, strenge ich mich doppelt an. Misslingt mir etwas, landet es im Schrank und wird nie angezogen. Zwar nehme ich mir dann immer vor, es irgendwann noch umzuändern, aber ich schiebe es nur vor mir her, weil ich mich einfach nicht aufraffen kann. Aber jetzt bin ich in einem Nähkurs, das hilft mir, die Hürde zu überwinden und so lange weiterzumachen, bis es mir gefällt.«

Nicole: »Genau, sonst bleibt es nur im Schrank hängen. Ich freue mich auch

riesig über Komplimente, wenn ich etwas Selbstgenähtes trage.«

Erica seufzend: »Aber das Nähen geht schon ziemlich langsam, finde ich.«

Wie fühlt ihr euch, wenn ihr an der Nähmaschine sitzt?

Jiva: »Das Geräusch entspannt: mal rrr, dann RRR. Es ist auch schön, mit mehreren zusammen zu hocken und alle nähen dann.«

Renske: »Beim Nähen kann man keine intensiven Gespräche führen. Das muss auch gar nicht sein. Man muss sich konzentrieren können und dazu gute Musik im Hintergrund laufen lassen.«

Erica: »Mit einer guten Nähmaschine kannst du richtig in den Flow kommen. Ist deine Maschine schlecht, wird ordentlich geflucht. Zack, springt die Spule raus oder der Faden reißt. Dann sehe ich sofort wieder meine Mutter vor mir. Lustigerweise fängt meine Tochter jetzt auch mit dem Nähen an. Sie setzt sich hin und näht in einem Rutsch die tollsten Sachen, echt klasse.«

Eva: »Nähen kann sehr entspannend sein. Ich freue mich immer richtig darauf: Einen schönen Stoff aussuchen, sich überlegen, wie es aussehen

könnte. Manchmal klappt aber auch gar nichts, und es ist super frustrierend. Bleibst du aber dran, und dir gelingt etwas Schwieriges, das du noch nie zuvor geschafft hast, dann gibt dir das einen enormen Kick!«

Jiva: »Wenn so ein Stück Papier dann plötzlich dreidimensionale Formen annimmt und du siehst, wie der Stoff fällt, dann macht mich das richtig glücklich. Und die Nähte, plötzlich achte ich überall auf Nähte und Borten.«

Erica: »Ich weiß es jetzt viel mehr zu schätzen, wie Kleidung gemacht wird. Es ist sehr zeitaufwendig. Es ist auch wirklich nicht gut, dass in manchen Läden Kleidung so billig verkauft wird.«

Was gefällt euch besonders am Nähclub?

Erica: »Es ist ein schönes Gefühl, mit einer zusammengewürfelten Gruppe, die sich zunächst nicht kennt, etwas zu teilen. Das motiviert auch, etwas zu Ende zu bringen.«

Jiva: »Jeder arbeitet an seinem Projekt, aber dennoch ist man zusammen.«

Erica: »Gemeinsam etwas tun, etwas machen, eine Verbindung aufbauen … dass du nicht immer alles allein machen musst. Das gefällt mir!« ◆

161

Gründe einen Nähclub

WANN?

Sooft du magst. Ungefähr alle 6 bis 8 Wochen, damit du in der Zwischenzeit an deinen Projekten weiterarbeiten kannst.

DU BRAUCHST

- Eine Gruppe Nähfreudiger, die gerne öfter nähen wollen oder den Ansporn in der Gruppe brauchen
- Nähmaschine – *(selbst mitbringen)*
- Getränke und Snacks
- Viel Platz, um die Schnittmuster auszuschneiden *(geht auf dem Boden)* und die Nähmaschinen aufzubauen
- Schöne Hintergrundmusik

Was musst du tun?

Schritt 1

Triff die Entscheidung, dass du öfter nähen möchtest, und zwar mit anderen und nicht alleine.

Schritt 2

Überlege dir, wie du dir so einen Nähclub vorstellst: Wie viele Teilnehmer:innen, wie oft ihr euch trefft, wie lange, ob ihr den Ort wechselt oder nicht, was du mit dem Nähclub erreichen möchtest. Der Club muss kein Nähkurs werden, bei dem immer dieselbe Person den anderen weiterhilft. Jeder hat sein Niveau, ganz egal, ob du Anfänger:in oder Näh-Expert:in bist. Ihr könnt euch dann helfen und voneinander lernen.

Schritt 3

Höre dich bei Freund:innen und Bekannten um, ob jemand Interesse hat. Starte einen Aufruf in den sozialen Medien mit dem ersten Termin, ein paar Erklärungen und dem Hinweis, dass jedes Näh-Niveau willkommen ist.

Schritt 4

Nicht in Panik geraten, wenn sich das erste Treffen nähert. Hoffentlich gab es schon ein paar Anmeldungen, und hoffentlich sind darunter auch Personen, die du nicht kennst. Denn genau darin liegt der Reiz von einem solchen Club: dass du neue Leute mit einem gemeinsamen Interesse triffst, damit ihr immer etwas zu reden habt. Und falls die Panik doch zuschlagen sollte, kannst du dich immer noch hinter der Nähmaschine verstecken.

Schritt 5

Der Tag ist gekommen. Dein erster Nähclub startet. Schöne Musik auflegen, Getränke und Snacks bereitstellen und die Tür öffnen, wenn es klingelt. Durchatmen.

Tipps für Variationen

Die Gründung deines Clubs kannst du natürlich auf ganz verschiedene Hobbys oder Interessen übertragen, die man gerne zusammen und nicht immer nur alleine macht. Wie wäre es mit: Häkeln, Zeichnen, Stricken, Spinnen, Wandern, Weben, Kochen, Malen, Essen ... Eigentlich eignen sich fast alle Kapitel aus diesem Buch für einen Club. Du musst dir nur noch einen guten Namen überlegen.

Schritt 6

Sobald alle eingetroffen sind und sich nervös angeschaut haben (denn du als Einladende:r findest den Club nicht als Einzige:r aufregend), hoffst du natürlich, dass das eine oder andere Gespräch in Gang kommt. Falls ihr ein wenig Unterstützung braucht, kannst du einen Blick auf den Spickzettel werfen:

- Hast du dir das Nähen selbst beigebracht, hattest du Unterricht, oder hat es dir jemand gezeigt?
- Wieso hast du dich zum Club angemeldet?
- Was ist dein Lieblingsstück, das du mal genäht hast?
- Tauscht euch über die besten Stoffadressen / Märkte für schöne Stoffe aus und welche Stoffmuster ein echtes Muss sind.
- Schaut euch eure Maschinen an und welche Geräusche sie machen. RRRrrrRRR.

Schritt 7

Sobald das Eis gebrochen ist, könnt ihr euch »Regeln« für euren Club überlegen (siehe Schritt 2). Ihr könnt das natürlich auch erst am Ende von eurem ersten Treffen machen.

Schritt 8

Legt los mit euren Nähmaschinen. Inspiriert euch mit Ideen, Stoffen und Schnitten.

Schritt 9

Macht einen neuen Termin aus, und sei zufrieden mit dir und deinem ersten erfolgreichen Treffen.

WINTER

NADELFILZEN

Wenn es draußen so richtig schön friert, kannst du deine kalten Hände wunderbar bei der Arbeit mit Wolle aufwärmen. Nadelfilzen ist eine meditative Beschäftigung, eventuelle Aggressionen kannst du dabei mit jedem Stich abbauen. Oder du setzt dich sanftmütig wie ein Freifräulein aus vergangenen Zeiten in eine Fensternische. Nadelfilzen ähnelt dem Häkeln oder Stricken, und du kannst es nahezu überall machen. Wundere dich also nicht, wenn du demnächst draußen in der Natur Menschen beim Nadelfilzen begegnest.

»Nadelfilzen ist richtig meditativ.«

Es war die Liebe, die Künstlerin Sara Götz vor sechs Jahren von den italienischen Bergen nach Holland in ein Reihenhaus in den Poldern brachte. In ihrem neuen turbulenten Leben als Mutter von zwei Kleinkindern suchte sie nach einer Möglichkeit, ihre Kreativität auszuleben. Und sie wurde fündig: Sara entwirft sanfte Landschaften aus Wolle. Betrachtet man Saras Filzwälder, sehnt man sich nach einem Mittagsschläfchen auf dem flauschigen Moos.

Wieso hast du mit dem Nadelfilzen angefangen?

»Beim Tag der Offenen Tür der Freien Schule habe ich an einem kleinen Workshop teilgenommen und einen Zwerg aus Nadelfilz gemacht. Zu Hause hatte ich die Idee, dass das auch zweidimensional geht. Ich habe mir Material bestellt und meinen ersten Wald aus Nadelfilz gestochen. Das Nadelfilzen ähnelt sehr dem Malen, nur mit anderen Mitteln. Und es ist ideal mit Kindern. Wenn ich ›richtig‹ male, wollen sie auch mitmachen – und im Nu ist alles mit Farbe beschmiert. Mit Wolle gibt es das Problem nicht. Sie wissen, dass sie nicht an die Nadel kommen dürfen und lassen mich in Ruhe. Echt praktisch!«

Welches Motiv gefällt dir am besten?

»Eigentlich mache ich immer Wälder und Berge. In Italien zog es mich schon als Kind immer dorthin. Auch hier in den Niederlanden gehe ich lieber in den Wald als in die Stadt. An

manchen Tagen vermisse ich die italienischen Berge sehr. Dennoch bin ich mit meinem heutigen Leben sehr zufrieden, dank meiner großen Liebe und den Kindern.«

»An manchen Tagen vermisse ich Italiens Berge sehr.«

Wie fängst du eine neue Landschaft an?

»Zunächst überlege ich mir, wo ich das Licht haben will, dann kommt der Schatten und ganz zuletzt folgen die Bäume. Es ist ein langsamer Prozess, ich arbeite mich stückchenweise vor. Für ein mittelgroßes Format brauche ich bestimmt fünf Stunden. Jeden Tag betrachte ich es mit einem neuen Blick und füge noch etwas hinzu. Das Nadelfilzen beruhigt mich sehr, besonders nach einem vollen Tag. Danach fühle ich mich ruhiger und bin entspannter. Wenn ich mit der Landschaft ganz eins werde, dann ist es sogar richtig meditativ. Man kann beim Stechen auch prima seine Aggressionen loswerden, haha! Manchmal kann ich beim Nadelfilzen richtig gut nachdenken, oder aber das Denken wird vollkommen abgestellt.

Welche Ambitionen hast du beim Nadelfilzen?

»Ich möchte gerne eine Mischung aus meinen eigenen Arbeiten und Aufträgen beibehalten. Aufträge sind sehr gut in Zeiten, wenn ich nicht so viel Inspiration habe. Wenn ich aber besonders viele Ideen habe, nehme ich nur bis zu fünf Aufträge im Monat an. Zu viele Aufträge setzen mich unter Druck, und das will ich nicht.«

Hast du Tipps für Anfänger:innen?

»Einfach loslegen. Du brauchst nicht viel: ein paar Nadeln, einen Untergrund und Wolle in verschiedenen Farben. Denk daran, dass es nicht um Schnelligkeit geht. Deshalb hat Nadelfilzen auch diesen beruhigenden Effekt.« ◆

Biografie

NAME: Sara Götz, Lady from the blue mountains
SIE MACHT: Kunst aus Wolle, inspiriert von Mutter Erde
SIE MAG: Im Wald spazieren gehen, Zeit mit ihren kleinen Kindern verbringen, den Herbst, Beschäftigung mit den Händen, Lesen, das langsame Leben
SLOW-LIFE-TIPP: Atme ein und aus. Fast alles kann warten.
ZU FINDEN UNTER: @fromthebluemountains und Etsy

Filzen mit Ruhe und Nadel

WANN?

Nadelfilzen kann man zu jeder Jahreszeit, aber im Winter ist es besonders schön. Wenn du wirklich *back to basic* mit selbst geschorener Wolle von einem Schaf arbeiten möchtest, dann kannst du im Mai / Juni mit frischer Schurwolle loslegen.

DU BRAUCHST

- Filznadel *(gibt es in verschiedenen Stärken)*
- Dicke Unterlage zum Einstechen *(aus Schaumstoff oder ein selbst gemachtes Kissen, gefüllt mit Styroporkügelchen oder Reis)*
- Eine Vorlage aus Filz oder Leinen, auf der du die Zeichnung anfertigst
- Filzwolle (Märchenwolle) in verschiedenen Farben

Was musst du tun?

Schritt 1

Setze dich bequem hin. Lege deine Vorlage auf die Unterlage. Überlege dir, was du machen möchtest. Wähle eine einfache Landschaft mit erkennbaren Motiven aus wie einen Horizont, Berg oder Baum. Ein Urlaubsfoto kann auch wunderbar als Inspiration dienen und verführt zum Träumen.

Schritt 2

Fange mit dem Hintergrund an. Überlege dir genau, wo Schatten und Licht hinkommen sollen. Nimm ein kleines, bauschiges Stück Filzwolle – auch Märchenwolle genannt –, ungefähr 3 cm groß. Stich es mit der Stechnadel auf deine Vorlage, du wirst schnell merken, wann es fest genug ist. Die Filzwollstücke dürfen nicht zu fest sein, je feiner, desto eleganter wird das Resultat. Füge weitere Filzwollstücke hinzu, bis deine gewünschte Landschaft entstanden ist.

Schritt 3

Wenn du mit dem Hintergrund fertig bist, kannst du mit den Details weitermachen: ein Strauch, ein Baum, Sonnenlicht und so weiter. Möglichst einfach halten. Du wirst nach kurzer Zeit sehen, dass die Wolle fester und dichter wird, wenn du öfter auf dieselbe Stelle einstichst. Stichst du weniger, bleibt die Filzwolle flauschiger und mehr an der Oberfläche. So kannst du ein Filzbild gestalten.

Hat deine Filzwolle nicht den richtigen Farbton? Dann kannst du ihn ganz einfach selbst mischen. Lege zwei verschiedenfarbige Filzwollflocken übereinander, ziehe sie wieder auseinander, und lege sie wieder aufeinander. Diesen Vorgang wiederholen, bis du den richtigen Farbton hast. Nicht reiben, denn sonst verfilzt die Wolle zu einem Filzkügelchen.

KERZEN GIESSEN

Eine Kerze anzuzünden ist ein Ritual der Ruhe und spricht alle Sinne an. Ein Streichholz wird angezündet, der Docht knistert, Wachs schmilzt, der Geruch der noch winzigen Flamme. Und wenn du die Kerze auch noch selbst gegossen hast, fühlt es sich wie ein Wunder an, dass du es bist, die Licht ins Dunkel zaubern kann.

»Fokussiere dich auf das, was dir Energie gibt«

Im Kerzenatelier von Giselle Habraken von Brandt kaarsen und ihrer Partnerin Luna schwebt ein leichter Wachsduft. Unmengen kleiner brauner Glasgefäße stehen ordentlich aufgereiht bereit und warten darauf, in Kerzen verzaubert zu werden. Die Stimmung im Atelier ist meditativ, und ich traue mich kaum, meine Fragen zu stellen, um die Atmosphäre nicht zu zerstören.

Wieso hast du mit dem Kerzengießen angefangen?

»Ich habe Sicherheitsmanagement in den Niederlanden studiert und bekam eine Stelle als Profilerin im Van Gogh Museum. Doch bevor ich dort anfing, hatte ich noch ein paar Monate frei. Ich bekam Besuch von einer Freundin aus den USA, die mir als Gastgeschenk eine selbst gemachte Kerze mitbrachte. Sie erzählte mir von der Kerzenmacherin, die Unterstützung suchte. Ich habe mich damals ziemlich gelangweilt und saß kurz darauf im Flieger nach New York. Dort habe

> »Ich wollte Sachen machen, ein Produkt erhalten.«

ich einen Monat bei der Herstellung der Kerzen mitgeholfen. Das war wirklich eine verrückte Sache. Irgendwann habe ich die Produktion über-

nommen, sodass sie sich ums Geschäftliche kümmern konnte. Ich habe das damals nicht so richtig verstanden, denn was muss man außer Kerzen machen denn sonst noch tun? Aber heute sehe ich das Problem. Ich bin überwiegend mit dem Unternehmen beschäftigt, während Luna die Kerzen macht.«

Und wie wurde das Kerzenmachen dann zu deinem Beruf?

»Bei meiner Arbeit im Museum hat mir das Handwerkliche gefehlt. Ich wollte Sachen machen, ein Produkt erhalten. Also habe ich damals in meinem 12 Quadratmeter großen Zimmer Kerzen gegossen, bis beides zusammen irgendwann nicht mehr ging. Also habe ich beim Van Gogh Museum gekündigt, ich wurde dort einfach nicht glücklich. Mein Freund hat mich damals gefragt, was mir denn Spaß machen würde. Mir fiel da nur das Radfahren ein. Und so fuhr ich mit dem Rad, um den Kopf frei zu bekommen. Während einer Tour durch

Italien kam ich auf neue Ideen. Zurück in den Niederlanden habe ich dann richtig mit meinem eigenen Unternehmen angefangen und auch immer mehr dazugelernt. Anfangs habe ich noch immer alles in meinem Zimmer gemacht, bis ich nicht mehr am Tisch frühstücken konnte, weil überall Kerzen standen. Nach einem Jahr war es dann an der Zeit, mich nach einem Ort für mein Atelier umzuschauen.«

Welche Ideen hattest du beim Radfahren?

»Ich hatte die Idee für eine neue Kerzenserie, die ›Nomade‹ heißen sollte. Eine Ode an Europa. Seit etwa zehn Jahren bin ich in Europa mit dem Rad unterwegs. Ich wollte die Gerüche, die ich während meiner Touren wahrgenommen habe, gerne in Kerzen verarbeiten. Die Nadelwälder in Skandinavien, Kamille in Bosnien, Orangenblüten in Griechenland … Vor allem beim Wildcampen ist man von vielen verschiedenen Morgen- und Abenddüften umgeben. Ich wollte Wachs aus Raps machen, produziert von niederländischen Landwirten.«

Wie sieht Slow Living für dich aus?

»Ich mache regelmäßig eine Monats-Challenge. So lernst du, dass die ›Suchtmacher‹ in deinem Leben oft überflüssig sind. Ich kann wirklich jedem raten, einmal eine mehrtägige Wanderung oder Radtour zu unternehmen, man lernt so viel dabei. Sich selbst herausfordern. Sich zur Disziplin zwingen und sich auf etwas fokussieren, das Energie gibt. Unternimm etwas, was für dich ungewöhnlich ist. Es bringt dir immer etwas. Vielleicht nicht das, was du erwartet oder erhofft hast, aber du kommst weiter. Und wer weiß, vielleicht macht es dich glücklich!« ◆

Biografie

NAME: Giselle Habraken
SIE MACHT: Kerzen
SIE MAG: Oldschool-Country, Folk, Americana und Bluesmusik, mit dem Rad durch Europa fahren, Songtexte schreiben
SLOW-LIFE-TIPP: Wander- und Radtouren machen
ZU FINDEN UNTER: www.brandtkaarsen.nl

Kerzen gießen für den ganzen Winter

WANN?

Sobald es dunkler wird. Gieße genug Kerzen für den ganzen Winter!

DU BRAUCHST

(zum Beispiel über www.aromalifestyle.shop) **:**

- 100 g Wachs *(Raps- oder Kokoswachs sind für die Umwelt und Tiere am besten – Kerzenreste verwenden geht auch)*
- 6 bis 10 g Aromaöl, Parfümöl oder ätherische Öle
- Docht in passender Länge zum Gefäß
- Schönes Gefäß für deine Kerze *(ein Marmeladenglas oder eine schöne Teetasse geht auch)*
- Leere Konservendose
- Topf
- Holzlöffel
- Wäscheklammer

Bereite alles gut vor, denn Kerzen gießen kann schnell gehen!

Was musst du tun?

Schritt 1

Das Wachs abwiegen und in eine leere Konservendose füllen, die du im Wasserbad in einem Topf mit heißem (nicht kochendem) Wasser erwärmst.

Schritt 2

Sobald das Wachs leicht flüssig ist, tauchst du das Dochtende hinein und klebst es schnell innen am Gefäßboden deines Kerzenglases fest.

Schritt 3

Wenn das Wachs vollständig geschmolzen ist, nimmst du den Topf vom Herd. Schaue dir das Wachs jetzt genau an: wenn es leicht trüb wird, bedeutet das, dass es fest wird. Wenn du ganz sicher gehen willst, kannst du die Temperatur messen und bei 50 Grad Celsius die Hitze ausschalten.

Schritt 4

Duftöl unter das Wachs mischen und alles eine Minute gut durchrühren.

Schritt 5

Gieße die Mischung in dein Kerzengefäß. Fließt das Wachs nicht richtig, ist es schon zu fest. Dann kannst du es behutsam noch mal erwärmen.

Schritt 6

Und wozu brauchst du die Wäscheklammer? Na, zum Stabilisieren des Dochts, denn der soll natürlich in der Mitte sein. Kneife den Docht mit der Wäscheklammer fest, und lege sie so auf den Rand des Gefäßes, dass der Docht gerade nach oben zeigt.

Schritt 7

Abkühlen lassen und den Docht später auf die gewünschte Länge kürzen.

Variationstipp

Was, ein Kapitel bei dem keine (Trocken-)Blumen zum Einsatz kommen? Das geht natürlich nicht! Deshalb kannst du bei Schritt 3 nicht nur den Docht festkleben, sondern auch gleich ein paar getrocknete Blumen. Mit einem Pinsel trägst du etwas flüssiges Wachs auf die Blumen auf und klebst sie dann an die Innenseite der Gefäße. Jetzt einfach mit den anderen Schritten fortfahren, und du bekommst eine Blumenkerze!

STILVOLLE TISCH-DEKORATIONEN

Jetzt im Winter, wenn die Abende immer länger werden, lade ich gerne Freund:innen zu einem schönen Essen ein. Zum Glück habe ich einen Mann, der gerne kocht, und kann mich ganz mit der Tischdekoration beschäftigen. Wenn du aus dem Tisch einen echten Eyecatcher machst, fühlen sich deine Gäste sofort willkommen. Keine Zeit für Displays und Terminkalender, nur ganz viel Lust auf echte Kontakte.

Deinen Tisch dekorieren

DU BRAUCHST

1. Einen Tisch

Einen Esstisch, Gartentisch, Brett auf Kisten, Klavier *(ideal für ein Buffet)* oder Sideboard. Eigentlich eignet sich alles für einen Tisch, also sei kreativ. Du hast nicht genug Sitzmöglichkeiten für alle? Dann mach ein Büffet, und deine Gäste können sich zum Essen auf Kissen oder Picknickdecken setzen.

2. Tischdecke

Eine Tischdecke, Servietten und einen Tischläufer für die Tischmitte. Ich gehe gerne in Stoffgeschäfte oder auf einen Stoffmarkt und kaufe ein paar Meter Stoff. Kaufe lieber zu viel als zu wenig. Eine zu kurze Tischdecke sieht irgendwie traurig aus, aber auf dem Boden ausgebreiteter Stoff wirkt gleich luxuriös und großzügig. Noch ein Tipp: Nähe deinen Stoff nicht um, das sieht sowieso niemand. Du kannst auch einen Bettbezug als Tischdecke verwenden. *(auf Seite 185 geht's weiter)*

Wie fängst du an?

Inspiration

Ein Thema

Beispiele: eine Farbe, Gericht / Menü, Feiertag. Oder einfach etwas, was du magst: Füchse zum Beispiel oder dein Lieblingsbuch (liefert gleich Gesprächsstoff). Was passt dazu? Stelle eine Sammlung zusammen.

Den Anfang macht ein Gegenstand

Hast du eine neue Tischdecke, oder möchtest du deine schöne antike Schale verwenden? Dann fange damit an, und überlege dir den Rest drum herum.

Schau dich um

Oft hast du mehr in deinem Heim oder Garten / Umgebung, als du denkst. Also nicht gleich in irgendwelche Läden rennen, um alles farblich perfekt aufeinander abgestimmt zu kaufen. Welcher Gegenstand im Haus wartet auf seinen Auftritt? Dann gib ihm die Hauptrolle. Blüht schon Lavendel oder Efeu? Dann hast du schon die Blumendekoration. Eine Teetassensammlung, getrocknete Blumen, alte Radios dazu … du kannst die komplette Tischdekoration drum herum gestalten. Und die hübschen Geschirrtücher machen sich gut als Servietten.

Vorbereiten

Schau immer mal in Secondhandläden vorbei. Pflanz in deinem Garten Blumen, mit denen du gerne dekorierst. Eukalyptus und Lavendel sind sehr dankbare Pflanzen, die du im Sommer und Winter einsetzen kannst.

Die Regeln – und wie man sie bricht

Schichten

Je mehr Schichten du verwendest, desto luxuriöser der Effekt. Du kannst im unordentlichen Look ein Stück Stoff in der Mitte des Tischs auf der Tischdecke drapieren und ihn bis auf den Boden hängen lassen. Aber bitte

nicht übertreiben: eine hohe Suppenschüssel muss nicht auch noch mit einer pompösen Serviette bekrönt werden, die legst du lieber unter die Schüssel und lässt sie über den Tischrand hängen.

Streuen oder zentrieren
Wähle dir eine zentrale Stelle für einen großen Strauß oder viele kleine Vasen aus. Alternativ kannst du dich auch für Mini-Centerpieces (Herzstücke) entscheiden, verstreut über den Tisch oder neben jedem Teller.

Ton in Ton
Weniger ist mehr oder barocke Üppigkeit? Du musst nur darauf achten, dass es weder zu unordentlich noch zu langweilig wird. Spiele mit verschiedenem Besteck / Tellern / Stoffen. Oder du wählst das Einheitliche, wenn du ein ruhigeres Bild haben möchtest.

Stoff, Stoff und nochmals Stoff
Für eine lockere, natürliche Ausstrahlung ist ein besonderer Stoff ein echtes Muss – zum Beispiel Leinen. Aber verwende ihn nicht nur als Tischdecke und für Servietten, auch nonchalant über den Stuhl geworfen macht er sich gut!

Servietten – eine wunderbare Welt
Put a ring on it
Stöbere auf Flohmärkten nach Secondhand-Exemplaren, vielleicht entdeckst du auch ein neues Modell für Serviettenringe. Du kannst Servietten aber auch mit einer Kordel oder einem Schleifenband umwickeln. Oder du machst einen Ring aus Gräsern oder Zweigen. Oder du knotest eine Serviette als Ring um das Besteck. Es gibt so viele Möglichkeiten!

Auf, unter oder neben den Teller
Schaue dir genau an, wo ein freier Platz auf dem Tisch entsteht, und fülle ihn mit Servietten. Das gibt dem Tisch Farbe und Struktur. Die Zeit der gefalteten Schwäne ist passé, also lass deine Servietten knittrig, damit ihre Textur sichtbar wird.

Finishing touch
Eine Serviette lässt sich perfekt mit einem Grünzweig, Beeren oder Blumen kombinieren. Stecke den Zweig in den Ring, oder falte die Serviette zu einem Rechteck, und klemme mit einer Wäscheklammer *(gern mit Namen des Gastes beschriftet)* einen Zweig daran. Zur Abrundung streust du noch lässig ein paar (Blüten-)Blätter, Kräuter (Sternanis) oder getrocknete Früchte (Orangenscheiben) über das Tischtuch. Et voilà!

Fortsetzung von Seite 182

Tipp
Du hast keine Lust auf Servietten, Geschirr und den ganzen Schnickschnack? Dann gib doch einfach ein *Shitty Dinner*: Alle kommen im gemütlichen Homedress und bringen *Leftovers* und Tiefkühlpizza mit.

3. Teller und Gläser
Du kannst entweder nur eine Linie verwenden oder dich für eine bunte Vintage-Mischung entscheiden. Vielleicht suchst du dir auch eine Keramikwerkstatt, die dir ein Geschirr entwirft. Ich habe mir bei @sjenpottery ein kleines Service machen lassen. Es ist noch immer ein ganz besonderes Gefühl, wenn ich es benutze.

4. Centerpiece
Vergiss nicht den üppigen Blumenschmuck, viele verschiedene Kerzen oder ein zum Essen passendes Thema.

5. Besteck
Auch hier kannst du dich entweder für Einfachheit oder einen bunt zusammengewürfelten Mix entscheiden.

6. Dekor
Kerzen, Zweige, Blumen, Tischkärtchen, Menü, eine wärmende Decke über ein paar Stühle für die Verfrorenen unter uns.

EINE BLUMEN-WOLKE

Angefangen hat das beeindruckende Phänomen der Blumenwolke in der Designstadt Berlin mit einer riesigen Pampasgras-Installation über einem Tisch. Inzwischen hängen Flower Clouds auf diversen hippen Hochzeiten und über trendigen Restauranttafeln. Es ist durchaus ein besonderes Gefühl, unter einem solch schwebenden Kunstwerk aus Blumen und Gräsern zu dinieren. Zudem bleibt damit auf dem Tisch mehr Platz für Köstlichkeiten. Selbst machen? Klar, aber fange mit der kleineren Variante an, wie sie Marjolijn von Raket & Distels uns zeigt. (Siehe das Interview auf Seite 44)

Eine Blumenwolke machen

- -

WANN?

Sobald du genug Trocken-
blumen gesammelt hast und
viel Zeit drinnen verbringst,
damit du auch möglichst viel
von deiner Blumenwolke hast.
Zum Beispiel zum Jahresende.

DU BRAUCHST

- Trockenblumen, Gräser und
  Äste
- Kaninchen- / Maschendraht
- Steckschaum für Blumen
- Nylonschnur

Farbe, Form und Länge

**Diese drei Faktoren bilden
die Basis für unendlich
viele Variationen. Achte auf
Harmonie in deiner Wolke
und verwende maximal drei
Farben (und ihre Nuancen).
Ein Wechselspiel mit den
verschiedenen Blumenfor-
men gestaltet deine Wolke
interessanter. Und zum
Schluss machst du mit
unterschiedlich langen Blumen oder Zweigen aus dei-
ner Wolke ein Feuerwerk.**

Was musst du tun?

Schritt 1

Suche dir eine Stelle aus, an der du deine Blumenwolke vorübergehend
aufhängen kannst. Du musst nämlich an der Wolke arbeiten können,
während sie schwebt, damit du sie von allen Seiten gut betrachten kannst.
Ein Nagel oder Haken an der Decke oder eine Wäscheleine sind ideal.

Schritt 2

Du fängst mit dem Kern an. Dafür umwickelst du ein Stück Steckschaum
mit Maschendraht. Welche Form bekommt deine Wolke? Rund oder läng-
lich? Da du Trockenblumen verwendest, muss der Steckschaum nicht
angefeuchtet werden, bei frischen Blumen ist das natürlich anders.
(Hoffentlich trocknet dein Prunkstück nach einer Weile auch schön.)

Schritt 3

Die Nylonschnur befestigst du nun am Kern und hängst ihn in einer Höhe
auf, die praktisch für dich zum Arbeiten ist.

Schritt 4

Jetzt kommt der schönste Teil! Stecke deine getrockneten Blumen, Zweige
oder Gräser in den Kern. Zuerst wird der Kern mit einer Schicht Trockenblumen bedeckt, um den Steckschaum darunter zu verstecken.

Schritt 5

Behalte die Form immer genau im Blick. Du brauchst nicht symmetrisch
zu arbeiten – eine unregelmäßige Form wirkt spannend.
Nun hast du die Basis und kannst mit den kürzeren Blumen und Zweigen
weitermachen. Zum Schluss kommen dann die längeren dran, das macht
deine Wolke richtig explosiv. Wenn das kein Erfolg ist!

FOOD-FOTOGRAFIE

Picture this: **Du hast dir wahnsinnig viel Mühe gegeben, und dein kulinarisches Meisterwerk ist fertig. Diesen magischen Moment möchtest du manchmal gern mit einem Foto festhalten, nur sieht deine Kreation auf dem Foto leider nicht sehr verlockend aus. Mit diesen Tipps wird auch dein Foodfoto ein voller Erfolg! Eine wunderbar relaxte Beschäftigung mit dem zusätzlichen Vorteil, dass du sehr viel Geduld aufbringen musst und nicht gleich das leckere Ergebnis verschlingst.**

Fotografieren im Flow

Ich habe Lucie Beck bei einem Kurs für Foodfotografie kennengelernt, den ich bei ihr belegt habe. Das Studio in ihrem Garten ist vollgestopft mit unzähligen Tellern, Besteck, Stoff, Flohmarktobjekten, Studioleuchten und vielen Leckereien. Ich war begeistert – ein Kind im Süßwarenladen ist nichts gegen mich. Während Lucie meine Fragen beantwortet, nasche ich heimlich von einem Donut.

Wie hast du mit der Foodfotografie angefangen?

»Ich mache diese Arbeit jetzt seit dreieinhalb Jahren. Vorher hatte ich acht Jahre eine Stelle in einem Unternehmen für kreative Workshops und habe zusätzlich in einem Schulhort gearbeitet. Irgendwann habe ich mit einem Blog angefangen. Für meine frühere Webseite habe ich auch schon Fotos gemacht, aber nur mit einer Hobbykamera und Automatikeinstellung. Ich habe dann online und offline verschiedene Kurse belegt, über Fotografie und Styling. Daraus hat sich eine schöne Zusammenarbeit mit einer Besitzerin von einem Antiquitätenladen ergeben. Ich durfte ihre Sachen im Tausch gegen Fotos ausleihen. Ihr Nachbar hatte ein Restaurant, er sah meine Fotos – und so bekam ich meinen ersten Auftrag für Foodfotos. Ich habe mich dann ganz auf die Foodfotografie und aufs Foodstyling konzentriert, als ich merkte, dass mein Herz schneller schlug, wenn ich mir überlegte, wie

Essen auf Fotos besonders gut zur Wirkung kommt.«

Was gefällt dir an deiner Arbeit?

»Das Kreative finde ich besonders schön. Mir zu überlegen, wie ich die Portion Spaghetti mit Pesto am besten aufs Foto bekomme, und es den Kunden dann auch gefällt.

»Während ich fotografiere und style, habe ich immer Musik laufen. Mich macht das glücklich.«

Aber die Kursteilnehmer:innen während der Kursstunden zu unterstützen und ihre Fortschritte zu sehen, ist auch toll! Wenn ich gerade nicht arbeite und Lust darauf habe, gehe

ich manchmal in mein Studio im Garten und fotografiere und style. Es läuft dann immer Musik, und ich gerate in einen Flow, der mich glücklich macht.«

Du hast ein ziemlich beschäftigtes Leben: drei Kinder, ein eigenes Unternehmen, viele Aufträge. Wie kannst du dich entspannen?

»Ich versuche immer öfter auch einmal Nein zu sagen. Inzwischen habe ich auch gelernt, Dinge auszulagern, damit ich mehr Zeit für das habe, was ich wirklich gut kann.

Joggen ist für mich Entspannung. Ich höre mir dabei einen Podcast an, um mich weiterzuentwickeln, ich habe einfach diesen Drang. Ansonsten genieße ich es auch, einfach mal nichts zu tun, schön zu essen, mit den Nachbar:innen beim Lagerfeuer zu hocken oder mit den Kindern in den Wald zu gehen.« ◆

Biografie

NAME: Lucie Beck
SIE MACHT: Fotos und Foodstyling, Interieurfotografie und Hintergrundbilder
SIE MAG: Energie von neuen Ideen zu bekommen, Neues zu lernen, Essen mit Freund:innen, Ausflüge mit den Kindern und bei all dem nach schönen Fotohintergründen schauen
SLOW-LIFE-TIPP: Mach das, was du gut kannst, und lagere den Rest aus!
ZU FINDEN UNTER: www.mylucie.com für Foodfotografie, Kurse und Business Coaching

Essen fotografieren

Suche das Licht

Für ein gutes Foto brauchst du unbedingt gutes Licht. Schalte die Lampen aus, denn sie verbreiten einen hässlichen Schein. Stelle einen kleinen Tisch oder einen Stuhl ans Fenster, und lass das Licht seitlich auf dein Essen fallen. Wenn du ein Fenster mit Vorhängen hast, ist das ideal, denn damit kannst du den Lichteinfall regulieren. Ist das Licht zu grell? Dann schließe die Vorhänge und lass nur einen Spalt offen, durch den dein Meisterstück genau beleuchtet wird. Mit dieser Methode kannst du stimmungsvolle Fotos machen.

Die drei Perspektiven

1. Von oben, auch *flatlay* genannt. Du stellst dich auf einen Stuhl und machst das Foto von oben (bitte nicht die Füße mitfotografieren!). Das Ergebnis wird besonders schön mit einem dekorativ belegten Teller oder wenn du eine Geschichte mit dem Foto erzählen möchtest (indem du zu deinem *flatlay* noch Gegenstände legst, die etwas mit dem Essen zu tun haben).
2. In einem 45-Grad-Winkel. Diese Perspektive funktioniert immer gut, weil sie eine außergewöhnliche Tiefenschärfe in dein Foto zaubert.
3. Frontal von vorne. Diese Perspektive eignet sich besonders für höhere Objekte wie eine Torte oder einen Burger.

Foodstyling

Ein einfaches Foto von deinem Essen wird zu einer Geschichte, wenn du Gegenstände hinzufügst, die etwas mit dem Essen zu tun haben. Denke an das Messer, mit dem du geschnitten hast, deine Küchenschürze, die Krümel, ein paar Blumen der Saison, deine Hände.

PAPIER SCHÖPFEN

Ich kann mich noch genau an einen Wintertag in meiner Jugend erinnern, als meine Mutter mir beigebracht hat, wie man Papier schöpft. Es wurden kleine Seiten, denn wir hatten nur ein kleines Sieb. Das selbst geschöpfte Papier war mein kleiner Schatz, und nur »Auserkorene« bekamen einen handgeschriebenen Brief auf diesem einzigartigen Papier. Wer Papier machen kann, der schöpft buchstäblich etwas Neues, das in Vergessenheit geraten ist. Mit selbst geschöpftem Papier verschickst du nicht nur die allerschönsten Karten, es steckt auch ein sentimentaler Hauch in deinen Liebesbriefen.

Ein zweites Leben für Papier

In einem ehemaligen Fabrikgebäude in Den Bosch hat die Künstlerin Judith Rosema ihr Atelier. An den Wänden in den langen Fluren hängen überall ihre Grafiken, Drucke, Lithografien und Zeichnungen. Die Verbundenheit zwischen Mensch, Tier und Natur springt einem sofort vom Papier ins Auge. Papier, besonders aber das Papierschöpfen, ist eine von Judiths großen Leidenschaften. Sie zeigt mir, wie man einen Brei aus Ringelblumen anrührt, der zum Papier kommt, das danach geschöpft wird.

Wie hast du mit dem Papierschöpfen angefangen?

»Eine Freundin vom Grafischen Atelier Den Bosch hat es mir vor gut zehn Jahren beigebracht. Sie hat mir auch den ersten Schöpfrahmen geschenkt und mir die Grundlagen gezeigt. Mich hat es sofort fasziniert, dass man aus Altpapier etwas Neues machen kann. Ich habe dann mit Wasserzeichen, Blumen, Pflanzen, Farbstoffen und Blumensamen experimentiert. Man muss mit den Dingen spielen, so lernt man die vielen Möglichkeiten kennen.«

Gibt es für dich einen Unterschied zwischen deiner Liebe zum Papier und deiner Liebe zum Papierschöpfen?

»Das Schöpfen ist für mich tatsächlich noch mal intensiver. Wenn du dein Papier selbst machst, bekommt es einen anderen Wert. Vor allem, weil man dem Papier ein zweites Leben gibt. Ich verwende nur recyceltes Papier, also wird hier fast kein Papier weggeworfen. Alles wird in Schnipsel zerrissen und kommt in einen Behälter mit Wasser, später mache ich daraus dann wieder neues Papier. Papier lässt sich sehr gut zerreißen. Daher schneide ich nichts, sondern reiße alles – meine Kursteilnehmer:innen wissen schon, dass sie von mir keine Schere bekommen, haha!

»Durchs Reißen bekommt das Papier einen schönen rauen Rand.«

Durchs Reißen bekommt das Papier nämlich einen schönen rauen Rand. Der ganze Ablauf ist einfach fantastisch! Mich macht es glücklich, aber auch still. In dem Sinne, dass ich mich in mich selbst zurückziehe. Das ist durchaus meditativ. Du verlässt

deinen Kopf, das Denken hält inne, denn du bist so viel mit den Händen beschäftigt. Es ist schön, wenn du das Denken einfach mal anhalten kannst und nur noch am Schöpfen bist. Buchstäblich und im Ergebnis.«

Womit hast du experimentiert?

Zunächst habe ich Blumenblätter zum Papierbrei hinzugefügt. Jedes Blütenblatt reagiert ganz anders: Einige behalten ihre Farbe und Größe, andere trocknen ein. Ich habe unter anderem auch Papier geschöpft aus Spargelschalen, Grünkohl und recyceltem Papier mit Glitzer oder Abdrücken drin. Natürlich geht auch mal was schief, aber jede Niederlage ist wertvoll – denn du lernst daraus. Meine Mutter ist vor zwanzig Jahren gestorben, und ich hatte noch immer einen Karton mit Heften, Briefen, Karten und Zeichnungen von ihr bei mir stehen. Ich habe Sachen herausgenommen, die ich aufbewahren wollte. So kam ich auf die Idee, sie für Erinnerungspapier zu verwenden, in das ich Farben, Blumen und Pflanzen eingearbeitet habe, die mich an sie erinnern. Sogar Stofffasern von einer Jacke, die ich noch von ihr hatte, sind im Papier. Ich habe die Seiten zu einem sogenannten Hätschelbuch gebunden. Es quillt über von Erinnerungen, die nur ich sehe. Das finde ich sehr schön.« ◆

Biografie

NAME: Judith Rosema

SIE MACHT: Handgeschöpfte Papiere, Naturdrucke, erzählende Holzdrucke, bedruckte Stoffe

SIE MAG: Farben und Gerüche der Natur. Entdecken, was die Natur außer dem Bekannten noch alles zu bieten hat. Zum Beispiel: wunderschöne Pigmente, essbare Wildblumen, Früchte, Pflanzen und starke Pflanzenfasern, die sich zu Papier verarbeiten lassen.

SLOW-LIFE-TIPP: Gehe mit einem Korb und einem Buch zum Thema Wildpflücken in die Natur und bringe viel Schönes und Leckeres mit nach Hause. Überrasche dich selbst.

ZU FINDEN UNTER: www.hetinktatelier.nl

Schöpfe dein eigenes Papier

WANN?
In jeder Saison, vorausgesetzt, du hast genügend Altpapier gesammelt

DU BRAUCHST
- Schöpfrahmen *(oder Sieb)*
- 2 große Behälter mit Wasser: 1 Gefäß, in dem die Papierschnipsel sich mit Wasser vollsaugen können, 1 Gefäß zum Schöpfen *(achte bei diesem Behälter auf die passende Größe zum Schöpfrahmen)*
- Papierpulpe *(siehe Schritt 1, Zeitschriften und Zeitungen sind übrigens weniger geeignet, weil sie zu viel Druckerschwärze enthalten)*
- Putzlappen
- Baumwolltücher *(altes Laken)*
- Wäscheklammern und Wäscheleine
- Nudelholz

Variationstipp
Bei Schritt 2 kannst du noch Blütenblätter, Samen, Rote-Bete-Saft oder Glitter hinzufügen.

Was musst du tun?

Schritt 1
Sammle zu Hause Altpapier und reiße es in kleine Stücke. Die Schnipsel zwei Wochen in einem Behälter mit Wasser bedeckt durchziehen und aufquellen lassen. Das Papier ist dann mit Wasser übersättigt und fällt auseinander. Wenn es sich wie Brei anfühlt, ist deine Papierpulpe fertig.

Schritt 2
Lege die Putzlappen übereinander; hierauf lässt du später den Schöpfrahmen mit der Pulpe abtropfen. Breite darüber die Baumwolltücher aus. Schöpfe eine Handvoll Papierpulpe und rühre sie in den Behälter mit dem Wasser. Wenn du mit der Hand durch fährst, darfst du den Brei nicht fühlen, so sanft und fein ist er. Also ganz viel Wasser und nur wenig Pulpe.

Schritt 3
Drücke den Schöpfrahmen bis auf den Boden des Behälters und hebe ihn vorsichtig wieder an. Der hochstehende Rand vom Schöpfrahmen muss nach unten zeigen, sonst kannst du das Papier später nicht richtig herausdrücken. Lass das Wasser etwa fünf Minuten aus dem Rahmen tropfen.

Schritt 4
Kippe den Schöpfrahmen mit dem Papier auf dem Baumwolltuch aus. Drücke mit den Händen kräftig auf den Draht, auch in den Ecken und an den Rändern. Nimm den Rahmen ab – und bestaune dein Papierblatt! Decke es mit einem zweiten Baumwolltuch ab und rolle mit einem Nudelholz so oft darüber, bis es fast trocken ist. Das Baumwolltuch dabei immer wieder auswringen. Diesen Vorgang nennt man Gautschen.

Schritt 5
Hänge das Baumwolltuch mit dem daran haftenden Blatt zum Trocknen an eine Leine. Wenn sich alles richtig trocken anfühlt, ziehst du das Tuch ab. Jetzt ist dein eigenes Papier bereit zum Beschreiben!

LESECLUB

Es war vor ungefähr drei Jahren. Damals war ich in eine neue Gegend gezogen und kannte dort kaum jemanden. Mir fiel auch auf, dass ich immer weniger las. Sehr ungewöhnlich für mich, die doch immer kiloweise Bücher mit in den Urlaub schleppt. Das wollte ich ändern und kam auf die Idee, einen Leseclub zu gründen. Ja, ein Leseclub! Erst mal schauen, wie das geht. Und siehe da, es scheint bei mir schon einen zu geben, und neue Mitglieder suchen sie auch.

Lucky me!

»Die Gespräche haben durchaus Tiefgang.«

Am Abend des ersten Treffens vom Leseclub stand ich vor einer fremden Haustür und zögerte. Bilder von belehrenden, etwas älteren, spröden Leseclubmitgliedern kamen bei mir auf, und ich zweifelte an meiner Idee. Zum Glück habe ich dann doch einfach geklingelt. Denn inzwischen lese ich wieder regelmäßig interessante Neuerscheinungen. Aber noch wichtiger: Ich gehöre zu einer netten, Tee trinkenden, inspirierenden Gruppe junger Frauen. Und sie lesen alle gerne. *Lucky me!*

Martine, du hast den Leseclub damals gegründet. Wieso?

»Ich habe schon immer viel gelesen, besonders als Kind. Ganz egal, was, ich habe alles verschlungen. Aber als ich mit dem Studium angefangen habe und danach meine erste Stelle hatte, kam das Lesen viel zu kurz. Irgendwann habe ich es stark vermisst und mich riesig nach Büchern gesehnt, konnte aber den Einstieg nicht richtig finden. Und das, obwohl ich für meine neue Stelle ans andere Ende des Landes gezogen war, ohne Familie oder Freund:innen in der Nähe. Da kam ich auf die Idee, zwei Fliegen mit einer Klappe zu schlagen: wieder lesen und dabei gleichzeitig neue Leute mit demselben Interesse kennenlernen. Ich habe bei Google nach einem Leseclub in Den Bosch gesucht, aber nichts Passendes gefunden. Also habe ich auf einer Nachbarschaftsplattform einen Aufruf gestartet, auf den lange keine Reaktionen kamen. Irgendwann hatten wir dann doch acht Teilneh-

mer:innen zusammen und fanden das für den Anfang perfekt.«

Hast du Tipps für andere, die auch gerne einen Leseclub gründen wollen?

»Du musst dir erst einmal genau überlegen, was du willst – sollen es nur Romane sein oder alles? Möchtest du die Bücher richtig mit den anderen besprechen, oder suchst du vor allem Geselligkeit? Ist es dir egal, wer in dem Leseclub ist, oder bevorzugst du eine bestimmte Altersgruppe? Sollen die Treffen an deinem Wohnort stattfinden, oder würdest du auch etwas fahren? Schau dann im Internet, was es in deiner Gegend bereits gibt und ob der Leseclub zu dir passt. Ich konnte damals nämlich nur Leseclubs mit älteren Teilnehmer:innen finden. Deshalb habe ich selbst einen Aufruf gestartet und kurz beschrieben, was für einen Leseclub ich gerne gründen möchte. Nachbarschaftsplattformen funktionieren prima. Aber hab Geduld! Herbst und Winter eignen sich für eine Leseclubgründung besser als Frühling und Sommer. Nächster Schritt ist ein erstes Treffen zum Kennenlernen, bei dem ihr besprechen könnt, was ihr von dem Leseclub erwartet, und euch gleich ein paar praktische Regeln überlegen könnt. Lasst es danach einfach laufen, und schaut, wie es wird!«

»*Wir wollen den Leseclub ganz bewusst klein halten.*«

Wieso bist du in einen Leseclub gegangen?

Marlon: »Ich war neu in der Stadt und wollte gerne auf eine nette und unkomplizierte Art Leute kennenlernen. Hat gut geklappt!«

Eva S.: »Weil ich sehr gerne lese und mich mit Gleichaltrigen über Bücher unterhalten wollte. Ich habe mir zu wenig Zeit fürs Lesen genommen; mit dem Leseclub sollte sich das ändern. Das hat es auch, heute lese ich mehr als je zuvor! Ich entdecke neue Bücher und Genres, die ich früher nie angerührt hätte.«

Was ist das Schöne an so einem Leseclub?

Eva S.: »Besonders die schönen Gespräche, die wir führen. Es fängt bei Büchern an, endet aber immer bei Gesprächen übers Leben, Arbeit, Dating, Kinder und Hobbys. Wir wollen den Leseclub ganz bewusst klein halten. Denn wir müssen uns alle gut zu Hause treffen können, und

die jetzige Größe ist dafür perfekt. Mich haben schon öfter andere gefragt, ob sie mitmachen dürfen, weil sie von meinen begeisterten Erzählungen angesteckt wurden. Aber leider geht das nicht. Ich rate ihnen dann, dass sie doch selbst einen Leseclub gründen sollen.«

Womit hast du nicht gerechnet, als du Mitglied im Leseclub wurdest?

Marlon: »Dass ich nach zwei Jahren eine echte Freundschaft mit einer netten und sehr vielfältigen Frauengruppe aufgebaut habe und mich immer auf die schönen Abende und Gespräche freue.«

Martine: »Dass es von Anfang an so unkompliziert ablief, obwohl wir alle sehr unterschiedlich sind und ganz verschiedene Leben führen.«

Eva S.: »Dass ich dort so viele gute Freundinnen finden würde. Zweieinhalb Jahre nach der Gründung sind wir richtig eng miteinander geworden, und es fühlt sich an, als würden wir uns schon viel länger kennen. Bestimmt spielen aber auch die Gespräche eine Rolle, die wir im Leseclub führen. Sie haben durchaus Tiefgang. Ich habe mich getraut, offen meine Verletzung zu zeigen, als meine Beziehung in die Brüche ging und ich wieder mit Dating anfing. Die anderen haben sich meine Erzählungen alle angehört und mich begleitet. Das war eine sehr wichtige Lebensphase für mich.«

Gibt es auch Anekdoten?

Eva S.: »Dass wir nie groß für unsere Treffen einkaufen müssen. Ein paar

Kekse und Tee, und wir sind zufrieden. Im Corona-Lockdown haben wir einfach mit Videotreffen weitergemacht. Das ist übrigens auch ein Tipp für Leute, die einen Leseclub gründen wollen, aber an weit auseinanderliegenden Orten leben. Auch nett: Einige von uns wollen irgendwann mal ein Buch schreiben. Darüber können wir uns dann gemeinsam austauschen!«

Martine: »Immer, wenn du glaubst, jetzt haben wir aber wirklich alle Genres gehabt, kommt jemand mit einem Buch, das dann doch wieder aus einer anderen Kategorie kommt. Dadurch lese ich Bücher, die ich sonst nie gewählt hätte.«

Eva K.: »Wir gehen auch gern zusammen ins Kino. Oft sind es Buchverfilmungen oder ein Film, der etwas mit Büchern zu tun hat. Wir haben uns auch gleich die Verfilmung von meinem Lieblingsbuch ›Deine Juliet‹ angesehen. Er handelt unter anderem davon, wie Bücher zu neuen Freundschaften führen können. Damals hätte ich noch nicht gedacht, dass das in unserem Leseclub auch so sein wird. Aber die lustigste Anekdote ist wahrscheinlich diese: Martine war auf einem Junggesellinnenabschied, wo sie so einen Spaßworkshop über sexuelle Praktiken besucht haben. Sie hat uns beim nächsten Leseclubtreffen davon erzählt. Und weil wir doch alle neugierig geworden sind, hat sie uns am nächsten Tag über unsere WhatsApp-Gruppe die Praktiken geschickt. Für die nichtsahnenden Leseclubmitglieder, die nicht bei dem Treffen dabei gewesen waren, war die Überraschung ziemlich groß!« ◆

Top 3 Eva S.
1. Griet op den Beeck: Viele Himmel über dem siebten
2. Rutger Bregman: Im Grunde gut
3. Benedict Wells: Vom Ende der Einsamkeit

Top 3 Marlon
1. J.R.R. Tolkien: Der Herr der Ringe
2. Garth Stein: Enzo. Die Kunst, ein Mensch zu sein
3. Emily Brontë: Sturmhöhe

Top 3 Eva K.
1. Mary Ann Shaffer: Deine Juliet
2. Patrick Süskind: Das Parfüm
3. Jonathan Safran Foer: Alles ist erleuchtet

Top 3 Hilde
1. Arthur Japin: Die Verführung
2. Laurent Binet: HHhH
3. Carlos Ruiz Zafón: Der Schatten des Windes

Top 3 Olga
1. Charlotte Brontë: Jane Eyre
2. Antoine de Saint-Exupéry: Der kleine Prinz
3. O. Henry: Das Geschenk der Weisen

Top 3 Neeltje
1. James Rollins: Altar of Eden (Englische Ausgabe)
2. John Sandford: Prey series (Englische Ausgabe)
3. W. Bruce Cameron: Ein Versprechen auf vier Pfoten

Top 3 Anke
1. J.R.R. Tolkien: Der Herr der Ringe
2. Elena Ferrante: Meine geniale Freundin
3. Khaled Hosseini: Drachenläufer

Top 3 Martine
1. John Steinbeck: Jenseits von Eden
2. Ted Chiang: Die große Stille
3. Karl Ove Knausgård: Vater

Mein Dank

Von der Idee in einer Buchhandlung in England zu einem echten Buch in der Hand. Wow! Das habe ich vor allem Annemarieke und Claudette von Uitgeverij Snor zu verdanken; durch eure Begeisterung, euer Vertrauen und euren Blick wurde dieses Buch zu einem Prachtstück!

Einmal ein Buch schreiben, das war schon immer mein großer Traum, ein Traum, von dem ich allmählich befürchtet habe, dass er niemals in Erfüllung gehen wird. Für dieses Buch habe ich 4186 Fotos geschossen, 25 Personen interviewt, 45 Lebewesen fotografiert (Katzen, Hunde und Schweine nicht mitgezählt), und auch meine eigene Familie musste geduldig als Fotomodell herhalten. Die Treffen mit den kreativen Macher:innen, ihre Gastfreundschaft, mich in ihrer Welt zu empfangen, und die Bereitwilligkeit, mit der sie sich von mir fotografieren ließen, waren ein wahres Fest. Ohne euch wäre das Buch nicht zu dem geworden, was es jetzt ist. Herzlichen Dank!

Und: Eine Ode an alle (Groß-)Mütter. Wie oft habe ich gehört, dass die Quelle der Inspiration die Mütter waren. Mütter, die den kreativen Funken haben überspringen lassen, von Generation zu Generation. Auch meine liebe Mutter hat bei mir eine große Rolle für das Aufkeimen meiner Liebe für Selbstgemachtes und die Natur gespielt. Noch immer hilft sie mir weiter, wenn ich Fragen zu Strickmustern, Unkraut und Nähmaschinenproblemen habe (inklusive unaufgeforderter Hinweise ;-)).

Und zu guter Letzt: Ein riesiges Dankeschön geht an meinen Mann, der alles dafür getan hat, dass ich mich jede freie Stunde in unserem Sommerurlaub diesem Buch widmen konnte. Jean, du bist ein wunderbarer Vater und meine große Liebe! Du unterstützt mich (fast) immer bei meinen wilden Plänen, sorgst dafür, dass ich, wenn ich abzuheben drohe, schnell wieder mit beiden Beinen auf den Boden komme, und weißt immer ganz genau, wann du mir eine Schokolade kaufen musst. Eine unentbehrliche Eigenschaft bei einem Mann!

Lilou und Otis, vielen Dank für eure Geduld mit einer Mama, die während der vergangenen Monate immer nur am Fotografieren und Schreiben war. Ich hoffe, dass ich euch die Freude am Selbstmachen und die Liebe zur Natur mitgeben kann, and so on … *Eva*

Impressum

TITEL DER ORIGINALAUSGABE:
Slow Living
Erschienen bei Uitgeverij Snor,
Utrecht
Copyright © 2020

DEUTSCHE ERSTAUSGABE
Copyright © 2021 von dem
Knesebeck GmbH & Co. Verlag KG,
München
Ein Unternehmen der
Média-Participations

PROJEKTLEITUNG: Anja Sommerfeld, Knesebeck Verlag
ÜBERSETZUNG: Heike Baryga, Frankfurt
LEKTORAT: Susann Harring, München
FOTOGRAFIEN: Eva Krebbers
UMSCHLAGGESTALTUNG: Leonore Höfer, Knesebeck Verlag
LAYOUT: Fabienne van den Bor, Balthazar Studio

SATZ & HERSTELLUNG:
Arnold & Domnick, Leipzig
DRUCK: PNB Print SIA
Printed in Latvia

MIX
Papier aus verantwortungsvollen Quellen
FSC® C084698

ISBN 978-3-95728-543-0
Alle Rechte vorbehalten,
auch auszugsweise.
www.knesebeck-verlag.de